KB265897

파산수업

파산수업

박시형 변호사

출구가 보이지 않는 당신에게

소소한 행복들이 가득한 삶이

다시 시작되기를

이 책을 넘기면서

고난의 페이지도 함께 넘어가길 바랍니다.

차례

4부 다시 삶, 회생의 길을 걷다 … 149

법조인은 늘 법이 사람들에게 어떻게 작동하는지를 고민한다. 법률은 자신의 세계로 들어온 사람을 한 인격체가 아닌 냉정한 사건번호를 붙여 구분한다. 그런데 그 번호 숫자의 뒤편에 살아 있는 사람의 숨결이 남아 있다는 걸 법조인은 자주 잊고 지낸다.

요즘 법조계는 어렵다는 말로도 부족하다. 경쟁은 치열하고, 신뢰는 흔들리고, 무엇보다 법조 일선에서 살아남는 게 우선일 정도다. 그럼에도 저자 박시형 변호사는 묵묵히 자신의 길을 걷고 있다. 법률 이전에 사람을 먼저 본다. 언제나 가장 힘든 사람들 곁에서 있다. 쉽지 않은 길이다.

파산을 다루는 이 책은 결국은 한 번 무너진 사람이 다시 일어서는 희망의 이야기다. 게다가 법조인이라면 한 번쯤 스스로에게 해야 할 질문—나는 법을 통해 무엇을 지키고 있는가—에 대한 정직한 대답이 담겨 있기도 하다. 이 책이 많은 이들에게 닿기를 바란다.

이임성

(법조윤리협의회 위원장, 전 경기북부지방변호사회 회장)

우리 사회에서 자본주의는 이제 한 세기 남짓한 일천한 역사를 지니고 있고, 지난 세기의 고도성장기에는 경쟁만 강조되어 왔습니다. 그래서 우리 사회에서는 아직도 도산제도에 대한 인식이 부정적인 것으로 보입니다. 그런데 도산제도가 1960년대에 도입되고도 유명무실하다가 IMF 시대를 겪으면서 재정비된 이유는, 경제적으로 실패한 구성원들을 다시 일으켜 세우는 것이 해당 개인에게는 물론 사회적으로도 절실하게 필요했기 때문이기에, 도산제도를 이용하는 당사자들도 주눅들지 말고 어깨를 펴고 당당하게 일어나야 합니다.

　그런 의미에서 박시형 변호사가 쓴 《파산수업》은 참으로 시의
적절하고 소중한 저작물이라 할 것입니다. 특히 책 내용 중 자신
의 상속한정승인신청 경험까지 털어놓는 부분에서는 도산 당사
자들에게 친근하게 다가가서 미래에 대한 희망을 공유하고자 하
는 저자의 따뜻한 마음이 느껴집니다. 혹시 당신이 경제적 위기
에 처한 상황이라면 《파산수업》을 통하여 위기를 극복하기를 기
원합니다.

김영훈

(제52대 대한변호사협회장)

　신언서판(身言書判)이란 말이 있습니다. 사람을 볼 때 몸과 말
씨, 글씨와 판단력을 보아야 한다는 뜻입니다. 옛말은 틀리지 않
아서, 신언서판의 이치는 법원에서 사건을 바라볼 때도 마찬가지
입니다. 사건을 보다 보면, 어느새 사람이 보입니다. 서류 너머로,
기일 너머로, 그 사건을 대하는 변호사의 진심이 느껴지는 순간들
이 있습니다.

회생·파산 사건은 언뜻 숫자와 절차로 이루어진 것처럼 보이지만, 실상은 그 안에 사람의 삶 전부가 담겨 있습니다. 그런데 이 분야에서 오래 일하다 보면 솔직히 고백하게 됩니다. 의뢰인의 사정을 진심으로 살피며 끝까지 성실하게 임하는 변호사를 만나기가 쉽지 않다는 것을. 법정에서 한 말을 서면에서 그대로 지키고, 서면에 쓴 대로 의뢰인 곁을 끝까지 지키는 변호사를 만나기란 생각보다 쉽지 않았습니다. 그러나 눈 속에서도 꽃봉오리는 피어나듯, 척박한 환경에서도 진심은 피어나기 마련입니다. 박시형 변호사는 그런 사람입니다.

이 책은 그 진심의 기록입니다. 재기를 꿈꾸는 이들에게, 그리고 이 분야를 걸어가는 후배들에게 기꺼이 권합니다. 이런 변호사가 있는 한, 도산제도는 희망을 잃지 않을 것입니다.

안병욱

(전 서울회생법원장)

파산은 끝이 아니라, 삶을 다시 설계하는 출발선이다. 그러나 그 출발선 앞에 선 사람들은 대부분 혼자다. 막막하고, 부끄럽고, 어디서부터 시작해야 할지 모른다. 박시형 변호사는 바로 그 자리에 함께 서는 사람이다. 현장에서 마주한 의뢰인 한 사람 한 사람을 기억하고, 그들의 삶에 공감하며, 단순한 법률 서비스를 넘어 사람에 대한 사랑을 실천해 온 변호사다.

이 책은 그 진심이 고스란히 담긴 결과물이다. 딱딱한 법률서가 아니다. 실패 앞에 선 사람들의 이야기를 진심으로 들여다보며, 재기의 본질을 인간적인 언어로 풀어 낸다. 파산을 고민하는 이들에게 이 책은 단순한 안내서가 아니라 전략적 재기의 나침반이 될 것이다. 인생 2막을 앞둔 모든 이들에게 기꺼이 권한다.

조동현

(대한변협 도산변호사회 회장)

이 바닥에서 20년을 버텼습니다. 버텼다는 말이 맞습니다. 채무자들의 사연을 하루도 빠짐없이 듣다 보면, 어느 순간 그 무게가 나에게도 쌓입니다. 그래서 압니다. 이 일을 오래 하려면 실력만으로는 부족하다는 것을. 버티게 해주는 것은 결국 사람에 대한 애정이고, 이 제도가 존재하는 이유에 대한 믿음입니다.

박시형 변호사를 처음 만났을 때, 실력보다 먼저 그 마음이 보였습니다. 채무자를 바라보는 시선, 회생과 파산을 대하는 태도, 그 가치관이 저와 닮아 있었습니다. 도산제도는 실패한 사람을 벌하는 것이 아니라, 다시 일어설 기회를 주는 것이라는 믿음. 그 믿음이 같은 사람끼리는 말하지 않아도 통합니다. 그렇게 우리는 동료가 되었고, 형제처럼 가까워졌습니다.

아는 척하지 않고, 모르는 척도 하지 않습니다. 의뢰인 앞에서 늘 솔직하고, 포기해야 할 순간에도 끝까지 붙들고 늘어집니다. 같은 길을 걷는 입장에서 그 모습이 늘 든든했습니다.

이 책은 그가 걸어온 길의 고백이자, 앞으로 걸어갈 이들을 위한 안내판입니다. 빚의 터널 끝에는 햇살이 드는 길목이 있습니다. 이 책을 통해 더 많은 분들이 햇살의 길목을 찾으시기 바랍니다.

김영룡

(회생·파산 21년 경력 법무사)

◆◆◆

프롤로그

다시 일어설 용기가 있는 당신을 위한 수업

"변호사님, 저는 제 인생이 여기서 끝난 줄 알았습니다."

한 의뢰인이 내게 이런 말을 한 적이 있다. 그는 한때 성공한 사업가였다. 하지만 내가 그를 처음 만난 날, 초점 없는 눈빛과 흐트러진 옷매무새, 희망이라고 부를 만한 감정이 이미 오래전에 빠져나간 표정만 있을 뿐이었다. 그런 그가 이 말을 할 수 있었던 것은 인생이 끝난 순간이 아니라, 다시 배우고 깨달은 시점이었다.

사람들은 대개 그렇게 뒤늦게 자신의 자리를 확인한다. 파산은 삶의 마지막 교실 같은 공간이다. 그곳에서 사람들은 뒤늦게 많은 것을 배운다.

돈의 무게, 관계의 의미, 선택의 책임 등 이런 것들은 경제적으로 여유가 있을 때는 보이지 않는다. 일이 잘 풀릴 때는 굳이 들여다보지 않아도 되는 것들이기 때문이다. 그러나 삶이 무너질 때 이 교실은 어김없이 열린다. 그래서 파산의 공간은 비극적이면서도 동시에 교육적이다.

파산 절차를 밟는 사람들의 표정은 복잡하다. 서류를 제출하는 날에는 후회가 앞서고, 면책 결정이 내려지는 날에는 허무와 안도가 동시에 찾아온다. 흥미로운 순간은 그다음이다. 사람들의 마음이 면책 이후에 이상하게 가벼워진다고 말한다. 가난이 사라진 것도 아니고, 주머니 사정이 갑자기 나아진 것도 아니다. 그런데도 마음이 가벼워지는 이유는 분명하다. 자책이 멈췄기 때문이다.

나는 사람을 살리는 일이 법정에서 이루어진다고 믿지 않는다. 법은 그 순간을 통과하도록 돕는 장치일 뿐이다. 채무를 정리하고 절차를 통해 판결을 받는 일은 삶의 전체에서 보자면 아주 짧은 구간에 불과하다. 내가 진짜로 다루고 싶은 것은 판결을 받은 그 이후이다. 나는 무너진 줄 알았던 사람이 단단한 얼굴로 다시 살아나는 그 모습을 수없이 목격해 왔다. 파산을 경험한 사람들은 우리의 생각보다 훨씬 잘 살아간다. 누구나 돈을 잃은 뒤에야 시간의 무게를 배우고, 관계의 진정한 가치를 배우며, 도움을 요청하는 용기를 배운다. 그래서 배움은 언제나 절망의 현장에서 시작된다고 할 수 있다.

나는 가끔 변호사로서 내가 이 길을 왜 걷고 있으며, 왜 이렇게 고되고 긴 절차 속에서 끊임없는 감정노동을 감수하고 있는지 스스로에게 묻는다. 그럼에도 불구하고 이 일을 계속하는 이유는 나를 통해 누군가의 삶이 변화되고 다시 평범한 일상을 되찾는 모습을 볼 수 있기 때문이다. 파산은 법률적 사건이지만 그 핵심은 '인생을 운영하는 방식'에 있다. 돈이 무너진 것은 결과이다.

마음이 무너진 자리에서 다시 살아보겠다는 의지가 싹튼다. 그것이 전환의 출발점이다. 이 흐름을 이해하면 파산이 아니더라도 인간이 어떠한 위기 속에서 회복할 수 있는지 그 구조가 보인다. 나는 이 책을 통해 그 구조를 보여 주고자 한다. 그리고 이 책을 펼친 독자들이 타인의 실패를 통해 배우고, 타인의 회복을 통해 다시 숨을 쉬며, 자신의 인생을 재설계하기를 진심으로 바란다.

당신이 지금 어떤 순간에 있든 결코 마지막이 아니다. 파산은 끝이 아니라 두 발을 땅에 제대로 딛기 위한 과정이다. 이 책은 절망에서 관찰로, 관찰에서 회복으로, 그리고 새로운 시작으로 나아가는 과정을 다룬다. 이 과정을 이해한 사람은 실패를 덜 두려워할 것이다. 왜냐하면 무너져도 다시 일어설 수 있다는 사실을 이미 알고 있기 때문이다.

자, 수업을 시작합니다.

2026년 봄
서초동 사무실에서
박시형

파산,
당신이 모르는 이야기

1 ——————

면책받은
변호사

"변호사님은 왜 이렇게 공감을 잘 해주세요?"

어느 날 상담을 마치고 나가던 의뢰인이 돌아서며 물었다. 순간 말문이 막히고 이내 시계가 거꾸로 도는 느낌이었다. 그러다 기억이 멈춘 곳은 20년 전 과거의 내 모습이었다.

스물세 살 아버지가 돌아가셨을 때, 나는 장례식장에서 울지 못했다. 슬픔이 없어서가 아니라 울고 있는 여동생 옆에서 나까지 무너질 수가 없었기 때문이다. 슬픔보다 앞날에 대한 걱정이 먼저였다. 그래서 장례가 끝나고 가장 먼저 한 일은 상속한정승인신청이었다.

아버지는 이것저것 일을 벌이다 돈을 모으지 못한 분이었다. 미남에 달변으로 인기가 많아 주변과 교류도 많았다. 사업이 잠깐 잘 되었을 때는 선거에 나가기까지 했다. 하지만 낙선했고, 사업도 끝내 실패했다. 두 번의 이혼 끝에 나와 여동생을 데리고 혼자 살다가 간경화로 세상을 떠났다. 아버지는 남긴 것보다 빚이 더 많았다.

불행 중 다행이었다면, 내가 법대생이었다는 것이다. 한정승인 정도는 내 손으로 할 수 있었다. 서류를 준비하고, 법원에 신청서를 내고, 공고를 내고, 절차를 밟았다. 그렇게 아버지의 빚은 나와 내 동생의 것이 되지 않았다.

엄밀히 말하면 한정승인과 파산면책은 다른 절차이기는 하다. 파산은 채무자가 본인의 상태를 채권자들에게 고백하고 법원의 판단을 받는 절차이고, 한정승인은 상속인이 상속재산 범위 안에서만 채무를 갚겠다는 의사표시이다. 하지만 두 절차 모두 '감당할 수 없는 빚의 무게를 내려놓는다'는 점에서 본질은 동일하다. 법의 도움을 받아 비로소 다시 편한 숨을 쉴 수 있다는 것, 나는 고통스런 청년기를 통해 그 감각을 뼈에 새겼다.

서류를 내는 손이 떨렸다. 이게 맞는 것인지, 이것을 하면 어떻게 되는 것인지. 법을 배우고 있었지만 막상 내 일이 되니 머릿속이 하얘졌다. 한정승인 절차가 마무리됐을 때는 홀가분하면서도 묘하게 공허했다. 뭔가 끝났다는 느낌과 이제 시작이라는 느낌이 동시에 느껴졌다.

그때부터 이제는 나만 챙기면 된다는 생각에 홀가분해졌다. 공

 파산수업

사판 막일, 술집, 고시학원 아르바이트, 과외 등 안 해본 일이 없었지만 오히려 마음은 가벼웠다. 주경야독하느라 늘어난 고시생 시절이지만, 그 시절이 나를 더 단단하게 만들었다고 생각한다.

지금 상담실에 앉아 있는 사람들을 볼 때 나는 그 시절의 나를 본다. 고개를 들지 못하는 사람, 말을 꺼내기도 전에 이미 스스로에게 유죄 판결을 내리는 사람들에게 제일 먼저 필요한 것은 법률 지식이 아니라 앞날에 대한 희망이다. 그들에게는 미래가 바뀔 수 있다는 기대가 필요하다.

이 또한 다 지나가리라. 맞는 말이다. 하루를, 한 달을, 그렇게 한 해, 한 해 버티다 보면 다 지나간다. 본인이 할 수 있는 방법을 찾아서 실행하면 그때부터는 시간은 나의 편이다. 그렇게 점점 나쁜 기억을 흘려보내고 새로운 경험과 기분으로 삶을 채워 나가야 한다. 그래야 소중한 나의 인생을 온전히 나의 것으로 만들 수 있기 때문이다.

나는 그 과정을 직접 살았기 때문에 이 일을 한다. 변호사가 의뢰인에게 공감한다는 말은 흔하지만 나는 그 무게를 겪어 보았다. 그래서 조금 더 직접적으로 말할 수 있다.

"변호사님은 왜 이렇게 공감을 잘 해주세요?"

그 질문에 그날은 제대로 답을 못했다.

이 글이 그 대답이다.

2 ——— 빚은
죄가 아닙니다

상담실에 들어오는 사람들의 대부분은 고개를 들지 못한다. 말을 꺼내기 전부터 이미 스스로에게 유죄 판결을 내린 상태이기 때문이다. 누구도 소리 내어 비난하지 않았음에도 불구하고 가족보다, 친구보다, 그 누구보다 먼저 자기 자신을 가장 잔인하게 심문한다. 그러나 '빚은 죄가 아니다'. 이 말은 위로가 아니라 법률적으로도 명백한 사실이다. 법은 빚을 죄로 취급하지 않는다.

이 말을 하기까지 내게는 오랜 시간이 필요했다. 나의 어두운 시절을 통과해야 했고, 수많은 사람들의 무너진 얼굴을 보아야 했다. 그 시절의 경험이 지금 상담실에서 고개를 들지 못하는 사람들을 볼 때 머리보다 몸이 먼저 반응하게 만든다. 그래서 나는 이 말에 확신이 있다.

사람들은 흔히 가난을 도덕적 실패로 해석한다. 노력이 부족했거나, 계획이 잘못되었거나, 어딘가 책임감이 부족했을 것이라고 생각한다. 하지만 그 시절에 내가 배운 것은, 가난은 게으름의 결과가 아니라는 것이었다. 오히려 가난할수록 더 성실하게 일했고, 조심스럽게 살았으며, 많은 것을 포기했다. 그럼에도 불구하고 상황은 쉽게 나아지지 않았다. 아무리 일을 해도 쌓이는 것보다 빠져나가는 것이 더 많았기 때문에 나는 늘 모자란 사람처럼 느껴졌다. 그때 나는 그 상황에서 가장 먼저 무너지는 것이 경제가 아니라 마음이라는 것을 절실히 깨달았다. 스스로를 탓하고 자격이 없다고 판단하며, 도움을 청하는 것조차 부끄러워하게 된다는 것을 말이다. 누군가는 찬란한 미래를 이야기할 때 나는 오늘을 걱정하며 살 뿐이었다. 그 격차가 나를 점점 더 세상으로부터 고립되도록 만들었다.

그렇게 시간이 흘러 지금의 나는 파산의 현장에 서 있다. 변호사가 된 이후에 민사, 형사, 기업자문 같은 일반적인 분야를 맡기도 했지만, 결국 파산을 선택했다. 돌이켜보면 선택이라기보다는 필연에 가까웠다. 내가 그 자리에 있었던 사람으로서 무너진 순간이 어떤 것인지, 앞이 보이지 않는 시간이 얼마나 길게 느껴지는지를 몸으로 느껴 보았기 때문이다.

상담을 하다 보면 그때의 내 모습과 닮아 있는 사람들을 만난다. 그들은 자신이 잘못했다고, 죄를 지었다고 말한다. 법이 빚을 죄로 취급하지 않음에도 불구하고 사람들은 고개를 들지 못한 채 어깨를 늘어뜨리고 있다. 누구도 소리 내어 비난하지 않았는데, 이미 스스로에게 가장 가혹한 형벌을 내린다. 사람은 타인보다 먼저 자기 스스로를 가장 잔인하게 심문한다.

얼마 전에 개인적인 이유로 심리상담을 받은 적이 있다. 왜 하필 많은 법률 분야 중에 회생과 파산을 선택했는지 상담사와 이야기하다가 무심코 이런 말을 내뱉었다.

"안됐잖아요."

상담사는 그것이 자기연민이라고 했다. 단순한 동정이 아니라 타인의 상황을 머리로 이해하기 전에 몸으로 먼저 공감하게 만드는 경험에서 비롯된 것이라는 말이다. 그 말이 꽤 오랫동안 머리 속을 맴돌았다.

해결책을 제시하는 일을 하다 보니 지금은 꽤 이성적인 결정을 하는 성향이 되었지만, 나는 기본적으로 타인의 감정에 민감하게 반응하는 사람이었다. 그러다 보니 의뢰인의 말보다 그가 왜 여기까지 오게 되었는지, 어디서부터 무너졌는지를 설명 없이도 침묵과 표정을 통해 어느 정도는 짐작하게 되었다. 말하지 못하는 두려움과 도움을 청하는 것조차 힘겹고 부끄러운 심정, 이미 스스로를 실패자나 범죄자로 규정해 버린 사람들을 볼 때마다 과거의 내가 떠오르기도 한다. 그리고 그 시절 내가 가장 필요했던 것은 법률적 지식보다 따뜻한 한마디였다는 것을 기억한다.

그래서 나는 파산 상담을 숫자로 시작하지 않는다. 채무의 규모보다 먼저 이 사람이 얼마나 오래 혼자 견뎌 왔는지를 검토한다. 절망은 갑자기 오는 것이 아니라 작은 불안이 쌓이고, 말하지 못한 시간이 길어질수록 사람은 점점 고립된다.

첫 상담에서 가장 중요한 것은 신뢰를 쌓는 일이다. 의뢰인들은 이미 여러 번 배신을 당하거나 무시를 당한 경험이 있다. 특히 보이스피싱 피해자들은 돈만 잃는 것이 아니라 사람을 믿는 감각 자체를 잃는다. 어떤 의뢰인은 상담 예약을 잡고도 한 시간 동안 건물 앞을 서성이다가 들어왔다고 했다. 한 번 무너진 신뢰는 쉽게 복구되지 않으므로 나는 그들이 충분히 확인할 때까지 기다린다. 급하게 서류를 내밀거나 계약을 종용하지 않는다. 때로는 한 시간 내내 법률 이야기는 한마디도 하지 않고 그들의 삶에 대한 이야기만 듣기도 한다.

그 이야기들이 쌓여야 비로소 법률적 해결책도 의미를 갖게 된다. 빚이 어떻게 생기게 되었는지, 얼마나 어떻게 버텨 왔는지, 지금 가장 두려운 것이 무엇인지 등의 맥락을 알아야 그 사람에게 알맞은 길을 찾을 수 있다.

"결심하신 용기에 경의를 표합니다."

의뢰인에게 꼭 전하는 말이다. 모르는 사람이 보면 지나친 말이라고 느낄 수 있다. 하지만 장기간 채무에 허덕이며 살아온 사람들의 삶을 가까이서 보았다면 이 말이 결코 과하지 않다는 것을 알 것이다. 희망이 없는 상태가 오래 지속되면, 인생을 바꿔 보겠다는 시도 자체가 사라지기 때문에 관공서에 가서 서류를 발급받는 일조차 버겁다. 이들은 집 밖을 나서는 것부터 큰 결심이 필요한 사람들이다. 전화기를 들고 상담 예약 번호를 누르는 데 며칠이 걸렸다는 이야기도 낯설지 않다. 이미 마음속에서 수없이 포기한 뒤에야 겨우 한 통의 전화를 걸게 된다.

동물 조련사들은 코끼리를 어릴 때부터 말뚝에 묶어 기른다고 한다. 처음에는 벗어나려 애쓰지만, 아무리 힘을 써도 풀리지 않는 경험을 반복적으로 경험한다. 시간이 흘러 어른 코끼리가 되어서 말뚝을 끊을 힘이 충분히 생긴 뒤에도, 코끼리는 더 이상 말뚝을 벗어나려는 시도를 하지 않는다. 이미 마음속에 '나는 저것을 끊을 수 없다'는 믿음이 자리 잡았기 때문이다. 코끼리를 묶고 있는 것은 밧줄이 아니라 스스로 만든 한계이다.

이런 상태를 심리학에서는 학습된 무기력(Learned Helplessness)이라고 한다. 실패의 경험이 반복된 나머지, 실제로는 벗어날 수 있는 조건이 되었음에도 불구하고 시도조차 하지 못하게 되는 심리상태를 말한다. 자신이 통제할 수 없는 상황이 반복되면서 '해도 소용없다'는 믿음이 경화되는 것이다.

반복된 실패는 뇌의 인지 체계를 바꾼다. 노력해도 바꿀 수 없다는 믿음이 학습되면 실제로 상황이 변해도 더 이상 시도하지 않게 된다. 이런 상태의 의뢰인이 상담실 문을 열고 들어오는 일은 결코 쉽지 않다. 묶여 있던 코끼리가 처음으로 발을 움직여 보는 순간이다. 무기력의 늪에서 '혹시 이번에는 다를 수도 있지 않을까'라는 희미한 가능성을 붙잡고, 마지막 힘을 끌어모아 움직이기 시작하는 순간이다.

회생을 결심한 사람들은 그 굴레를 깨려는 사람들이므로 그들의 선택은 경의를 받아 마땅하다. 사람들은 타인의 삶을 너무 쉽게 판단한다. 한 번도 그 자리에 서 본 적이 없으면서 그 선택을 단정한다. 빚은 왜 졌냐는 질문과 왜 더 노력하지 않았냐는 말들은 질문자의 유희일 뿐 당사자에게는 아무런 도움이 되지 않는다. 이미 무너진 사람을 더 깊은 곳으로 밀어 넣는 가학일 뿐이다.

현대그룹 창업주 정주영 회장은 "시련은 있어도 실패는 없다"고 말했다. 나는 큰 용기를 내어 찾아온 사람들의 결심과 용기가 헛되지 않도록 하고 싶고, 그들이 믿음의 결과를 마주하게 하고 싶다. 결국 사람을 살리는 것은 사람의 마음이고 결정이다. 그리고 그 마음이 다시 움직이기 시작할 때, 인생은 전혀 다른 방향으로 흐르기 시작한다. 파산은 인생의 실패가 아니라 방법에 관한 모색이 늦어졌을 뿐인 상태이다. 이 인식을 바로 잡는 것이 회복의 첫 단계이다.

3 —————— 파산이 회생보다
홀가분한 이유

채무를 법적으로 탕감받는 방법에는 회생과 파산의 두 가지가 있다. 이 둘을 합쳐서 도산(倒産)이라고도 한다. 일본식 한자어이기는 하지만 딱히 우리말로 쉽게 부를 표현이 없다.

도산의 사전적 의미는 '재산을 모두 잃고 망함'이다. 다만 내가 이해하는 도산의 의미와는 약간 다르다. 채무자회생법이 설정한 도산절차는 단순히 사람이나 회사가 망했다는 데 초점을 두지 않는다. 망한 사람, 망한 회사를 어떻게 살리고 정리할 것인가, 이해관계인들의 이익과 희생은 어떻게 배분할 것인가에 초점을 두고 있다. 그러므로 도산의 본질은 망함에 있지 않고, 재생과 회복에 있다.

회생과 파산의 공통점은 '지급불능'이라는 것이다. 둘 다 채무자가 전 재산을 동원해도 채무를 갚을 수 없는 상태, 즉 '파산 상태'를 전제로 한다. 원인은 같지만 면책에 이르는 과정이 다르다.

파산은 채무자의 현 자산을 환가해서 채권자에게 공평하게 나눠 주고 면책을 하지만, 회생은 채무자의 변제능력을 고려해서 일정한 기간 동안 나눠서 갚게 한 다음 나머지를 면책해 준다.

빚잔치의 해학

우리 선조들은 빚을 갚을 능력이 안 되는 상황을 가리켜 '빚잔치'라고 표현했다. 빚에 내몰린 끝에 도저히 해결이 안 되는 답답하고 괴로운 상황을 '잔치'라는 해학적 표현으로 풀어 낸 것이다.

그런데 참 신기하게도 이 '빚잔치'라는 말이 고도로 발전된 현대의 법제도인 파산면책제도와 너무나 딱 들어맞는다. 개인파산면책제도는 빚을 스스로 갚을 수 없는 상태의 사람에게 그가 내놓을 수 있는 만큼의 재산만 내놓게 하고서 이를 나눈 다음 채무자를 해방시켜 준다. 그야말로 '빚으로 하는 잔치'가 아닐 수 없다.

파산은 쉽다. 정확히는 채무자에게 쉽다. 파산사건에서 채무자는 변제능력과 자산에 대한 심사와 환가를 거친 후 즉시 면책된다. 벌어서 갚는 과정도 생략하고 모든 채무가 즉시 사라진다.

반면 파산은 매우 어렵다. 정확히는 신청 대리인이나 법률전문가에게 어려운 일이다. 파산 요건이 애매한 경우에는 채무자를 바로 면책하는 것이 정당하고 상당한가에 대한 심사가 추가된다. 이

부분에 대한 지식과 실무 경험이 없다면 대리인은 곤경에 빠진다. 제대로 대응하지 못하면 파산이 기각되고, 회생을 처음부터 다시 시작해야 한다. 그 과정에서 화가 난 채권자의 강제집행을 마주해야 하는 것은 덤이다.

이것이 여느 회생파산 사무실에서 파산을 적극적으로 권하지 않는 이유이다. 하던 대로 회생절차로 보내면 대리인 입장에서는 편하지만, 시도를 하지 않으니 경험과 사례가 쌓이지 않는 악순환이다.

법인파산에서도 마찬가지이다. 평생을 바쳐서 일군 회사가 난관에 봉착했을 때, 대표자는 대부분 회생에 몰두한 채로 상담을 받으러 온다. 그러나 법인회생은 개인회생보다 훨씬 어렵고 복잡하다. 사안을 살펴본 다음에 기존 법인을 정리하고 새로 사업을 시작하는 방안을 제안하는 경우가 있다. 이치를 깨달은 대표자는 표정이 이내 밝아진다. 그리고 가벼운 마음으로 돌아가서 법인파산을 준비한다.

그에게는 그동안에 법인을 운영하면서 쌓은 노하우와 업력, 인맥은 흔들리지 않는 자산으로 남아 있다. 기존 법인이라는 껍데기를 덜어 내더라도 무형의 자산은 그대로 남아 있으니, 오히려 훨씬 가볍게 시작할 수 있다. 지나치게 비대해진 조직, 악성 재고, 아무리 갚아도 줄지 않는 대출원금, 늘어나는 인건비 등 이런 거

추장스런 짐을 치워 버리니 가볍게 뛸 수 있게 된 것이다. 법인회생을 고민하던 대표자에게 법인파산은 오히려 축복일 수 있다.

파산이 회생보다 홀가분한 이유는 의외로 단순하다. 채무자가 면책이라는 결과에 빠르게 도달하기 때문이다.

파산은 실패의 낙인이 아니다. 채무자를 면책으로 이끄는 지름길이다.

4 ——— 파산하면
신용불량자가 된다?

"회생하면 모든 것을 남의 명의로 살아야 하는 줄 알았어요."

회생이나 파산을 하면 내 이름으로는 아무것도 할 수 없다고 믿는 분들이 많다. 그 오해는 결단을 미루게 만들고, 불필요한 고통을 길게 만든다.

먼저 신용불량에 관한 이야기부터 해보자.

2021년 신용등급제가 신용점수제로 바뀌었다. 등급이라는 낙인 찍는 방식을 탈피한 것이다. 그런데 중요한 것은 회생이나 파산을 신청했다고 해서 신용점수가 낮아지는 것이 아니다. 순서가 반대다. 연체가 되었기 때문에 점수가 낮아진 것이고, 그 상태에서 벗어나기 위해 회생·파산을 하는 것이지, 회생·파산을 해서 신용불량자가 되는 것이 아니라는 것이다.

장기연체기록은 100만 원 이상 3개월 연체 시 5년간 기록이 남고, 단기연체기록은 30만 원 이상 30일 이상 연체 시 1~3년간 남는다. 다만 개인회생의 경우 법원이 변제계획안을 승인하는 인가 결정이 나면, 법원에서 한국신용정보원으로 통보가 가고 장기연체기록이 삭제된다. 면책결정 후에는 회생 중이라는 공공기록도 삭제된다. 기술적인 부분은 신용평가사마다 조금씩 다르지만, 큰 흐름은 이렇다.

결국, 더 중요한 것은 실생활이다. 통장은 사용할 수 있지만 채권사 계좌는 피하는 것이 좋다. 채권사인 은행이 회생절차에 들어간 사실을 알게 되면 지급정지가 이루어질 수 있기 때문이다. 따라서 미리 채권사가 아닌 다른 은행 계좌를 만들어 두는 것이 좋다. 농협은행과 기업은행은 은행과 카드사가 분리되어 있지 않아 주의가 필요하고, 그 외 은행은 카드사와 법인이 분리되어 있어서 카드 결제가 연체되더라도 통장을 사용하는 데 영향을 주지 않는다.

신용카드의 사용은 어렵다. 버스카드나 하이패스카드도 신용기능으로 결제되면 마찬가지이다. 체크카드는 사용할 수 있지만 후불교통카드 기능이 있는 경우에는 사용이 제한된다. 따라서 사전에 미리 확인해 둘 필요가 있다. 연체만 없다면 회생 중에도 얼마든지 휴대전화를 사용할 수 있다. 단, 기기 할부 계약은 제한될 수 있으나, 회선 개설 자체는 일반적으로 문제가 되지 않는다.

렌탈이나 리스 계약도 요금을 정상적으로 납부하면 유지할 수 있다. 다만 생활비 절감을 위해 해지를 고려하는 것도 하나의 방법이다. 이 경우에 발생하는 위약금은 회생채권에 포함시킬 수 있다.

다시 말해 통장은 사용할 수 있고, 휴대전화도 사용할 수 있으며, 체크카드도 사용할 수 있다. 다만 신용카드 사용이 제한될 뿐이다. 남의 명의로 살아야 한다는 생각은 근거 없는 오해이다. 회생과 파산을 망설이게 만드는 이유들 가운데 상당수는 사실이 아니다. 정확히 알아야 제때 결단할 수 있다.

5 ——— 과연 누구를 위한 제도일까

배드뱅크(Bad Bank)는 금융기관이 보유한 부실채권을 인수하여 관리·처리하는 기구를 말한다. 쉽게 말하면 은행들이 회수하기 어려운 불량 대출채권을 한 곳에 모아 정리하는 일종의 '부실채권 전문 처리기관'이다. 최근 정부는 이 배드뱅크 제도를 통해 장기 연체 채무자들의 부담을 완화하겠다는 취지로 관련 정책을 추진하고 있다. 언뜻 들으면 상당히 희망적으로 들린다. 오랜 시간 빚에 시달려 온 사람들에게는 새로운 출발의 기회가 주어지는 것처럼 보이기 때문이다.

하지만 제도의 구조를 조금만 더 들여다보면, 실제로 이 제도를 활용할 수 있는 대상이 얼마나 제한적인지 금방 드러난다. 가장 대표적인 요건이 '7년 이상 연체된 채무'이다. 이 기준은 겉으로 보기에는 장기 채무자를 위한 장치처럼 보이지만, 현실에서는 오히려 대부분의 사람들을 제도 밖으로 밀어내는 기준이 되기도 한다.

빚을 진 상태로 7년을 버틴다는 것은 생각보다 훨씬 어려운 일이다. 정상적인 경제활동을 유지하면서 그 기간을 감당하는 것은 거의 불가능에 가깝다. 생계를 유지하고, 사람들과의 관계를 지키고, 최소한의 사회적 역할을 이어 가려는 사람이라면 그 이전에 어떤 방식으로든 해결책을 찾게 된다. 실제로 재기를 희망하는 사람들은 그 기간을 기다리지 않고, 이미 개인회생이나 개인파산과 같은 제도를 통해 문제를 해결하려고 시도했을 것이다.

설령 7년이라는 시간을 버틴 경우라 하더라도 상황은 크게 다르지 않다. 그 정도의 기간 동안 연체가 지속되었다면, 이미 정상적인 경제활동에서 벗어나 있거나, 비공식적인 방식으로 생활을 이어가고 있을 가능성이 높다. 이와 같은 경우에는 제도가 마련되어 있다 하더라도 실제로 접근하거나 활용하는 과정 자체가 또 하나의 장벽이 된다.

더 중요한 것은 장기 연체 상태에 있는 채무자라면 굳이 7년을 기다릴 필요가 없다는 사실이다. 일정 요건을 충족한다면 개인파산을 통해 비교적 빠르게 면책을 받을 수 있다. 즉 이미 존재하는 법적 절차만으로도 충분히 문제를 해결할 수 있는 길이 열려 있다. 그럼에도 불구하고 많은 사람들이 개인파산을 선택하지 못하는 이유는, 제도가 없어서가 아니라 그 제도의 존재를 알지 못하거나 접근하는 것이 두렵기 때문이다.

이 시점에서 우리는 한 가지 질문을 던지게 된다. '이 제도는 과연 누구를 위해 만들어진 것인가?' 분명히 취지는 선의에서 출발했을 것이다. 그러나 실제로 도움을 받을 수 있는 대상이 극히 제한적이라면, 그 제도가 가진 실질적 의미는 다시 점검해 볼 필요가 있다.

정말로 다시 일어서고 싶은 사람들에게 필요한 것은 새로운 제도의 등장이 아니다. 이미 존재하는 제도를 정확하게 이해하고, 그것을 실제로 활용할 수 있도록 돕는 환경이다. 개인회생과 개인파산은 단순히 채무를 줄이거나 없애는 절차가 아니라, 삶을 다시 설계할 수 있도록 시간을 벌어 주는 제도이다. 그럼에도 불구하고 많은 사람들이 '나 같은 사람도 가능할까'라는 막연한 두려움 때문에 첫걸음을 떼지 못한다.

결국 문제의 본질은 선택지의 부족이 아니라 선택지에 대한 정보와 접근성의 부족에 있다. 이미 수많은 사례가 증명했듯이 기다린다고 해서 상황이 나아지는 것이 아니라 오히려 시간은 문제를 더 복잡하게 만들고, 회복의 비용을 더 크게 만든다.

그래서 중요한 것은 '언젠가'가 아니라 '지금'이다. 7년이라는 시간을 버티는 동안 삶이 멈춰 있는 것이 아니라, 오히려 더 빠르게 소진되고 있다는 사실을 직시해야 한다. 기존에 존재하는 제도를 활용하면 그 시간을 앞당길 수 있다. 멈춰 버린 시간을 다시 흐르게 만드는 것은 새로운 정책이 아니라, 지금 내릴 수 있는 하나의 선택이다. 빚의 문제는 시간이 해결해 주는 것이 아니라 방향이 해결한다. 그리고 그 방향은 이미 우리 앞에 놓여 있다. 이제 남은 것은 그것을 선택하는 일뿐이다.

6 ——————　빛을 90% 탕감해 준다는
이야기의 실체

빛을 90%까지 탕감해 주겠다는 말을 처음 들었을 때, 대부분 기대보다 의심을 먼저 하게 될 것이다. 어딘가 과장된 표현처럼 들리거나, 특별한 조건을 갖춘 사람에게만 해당하는 이야기라고 생각하기 쉽다. 그러나 이 숫자보다 중요한 것은 그 결과가 만들어지는 방식이며, 그 방식을 이해하고 나면 높은 탕감률은 더 이상 놀라운 수치로 읽히지 않는다.

개인회생은 얼마를 빌렸는지를 출발점으로 삼는 제도가 아니다. 이 제도의 핵심 질문은 단 하나, 앞으로 얼마를 갚을 수 있는가이다. 사업 실패 이후 약 2억 원의 채무를 안고 찾아온 의뢰인이 있었다. 소득은 많지 않은 반면 부양가족이 많아 생계비가 적지 않게 필요했다.

이 사건에서 법원이 인정한 변제금은 월 30만 원 수준이었다. 이 의뢰인은 3년 동안 1천만 원 정도를 변제하면 나머지 채무는 전부 면제된다. 이 사례에서 95%라는 탕감률을 결정한 것은 채무의 크기가 아니라, 채무자가 처한 조건이었다.

같은 제도를 이용하더라도 결과가 달라지는 것은 이 때문이다. 각자의 소득 수준과 생활 조건에 따라 변제금이 다르게 산정되고, 채무 규모가 클수록 탕감 비율은 자연스럽게 높아진다. 단순히 소득이 높다는 이유만으로 개인회생이 불리하다고 단정할 수 없는 것도 같은 이유에서이다. 법원은 개별 상황을 세밀하게 검토하며, 생계비 인정 범위를 폭넓게 적용하는 방식으로 부담을 조정하는 사례도 존재한다.

여기서 하나의 오해가 생길 수 있다. 개인회생을 최대한 많이 탕감받기 위한 제도로 이해하는 것이다. 그러나 이 제도의 목적은 탕감 자체가 아니라, 채무자가 감당할 수 있는 범위 안에서 빚을 정리하고 다시 경제활동을 이어갈 수 있는 기반을 만드는 데 있다. 그래서 상담실에서는 '얼마를 줄이고 싶은가'가 아니라 '얼마까지 감당할 수 있는가'를 먼저 묻는다. 이 질문에 답할 수 있는 사람일수록 절차를 안정적으로 완수할 가능성이 높고, 이미 회생을 시작할 준비가 되어 있는 경우가 많다.

개인회생은 결과를 예측하기 어려운 선택이 아니라 정해진 기준 안에서 작동하는 제도이다. 높은 탕감률은 목표로 설정해야 할 수치가 아니라, 구조를 이해하고 절차를 성실히 따랐을 때 따라오는 결과에 가깝다.

회생이 끝나도 남는 것들

개인회생을 통해 상당한 채무가 정리될 수 있다고 하더라도, 한 가지는 꼭 짚고 넘어가야 할 부분이 있다. 모든 빚이 사라지는 것은 아니라는 점이다. 개인회생을 처음 알아보는 분 중에는 "회생을 하면 빚이 다 없어지는 것이 아닌가요?"라고 질문하는 경우도 적지 않다. 그만큼 절박한 상황이기 때문에 가능한 한 모든 부담에서 벗어나고 싶은 마음이 드는 것은 어쩌면 당연한 일이다. 하지만 법에서는 아무리 어려운 상황이라 하더라도 끝까지 남겨 두는 채무를 따로 구분하고 있다.

이 부분을 정확히 알지 못한 채 절차를 시작하면, 회생이 모두 끝난 뒤에도 예상하지 못했던 채무가 남아 있는 상황을 마주하게 될 수 있다. 그리고 그 순간의 당혹감은 생각보다 크게 다가온다. 그래서 "분명히 다 끝난 줄 알았는데, 왜 이 빚은 그대로 남아 있나요?"라는 질문을 하게 되는 것이다.

대표적인 것이 벌금이나 과태료, 추징금이다. 이러한 비용은 단순한 채무가 아니라 국가가 제재의 의미로 부과하는 것이기 때문에 회생·파산을 하더라도 사라지지 않는다. 그리고 양육비채무,

임금, 퇴직금 등 근로관계 채무 등도 면책이 되지 않는다. 세금과 각종 공과금도 원칙적으로 회생·파산을 통해서 면책받을 수 없는 채무로 분류된다.

하지만 그렇다고 해서 아무런 해결책이 없는 것은 아니다. 개인회생 절차 안에서는 이러한 채무를 변제계획에 포함시켜 우선적으로 갚아 나가는 방식으로 부담을 나누어 정리할 수 있다. 즉 완전히 사라지지는 않지만 감당 가능한 흐름으로 바꾸는 것은 충분히 가능하다.

또 하나 주의해야 할 부분이 있다. 고의적인 행위로 인해 발생한 손해배상채무이다. 중대한 과실로 타인의 생명이나 신체를 침해한 경우도 개인회생을 통해서 정리되지 않는다. 다만 이 부분은 단순히 글로 읽는 것만으로 판단하기 어려운 경우가 많다. 같은 '손해배상'이라 하더라도 발생 원인과 상황에 따라 결과가 달라질 수 있기 때문이다. 그래서 이러한 채무가 포함되어 있다면 반드시 개별적인 상황을 기준으로 전문가와 함께 확인하는 과정이 필요하다.

이처럼 개인회생에서는 어떤 빚은 정리되고, 어떤 빚은 그대로 남는다. 이 구분은 생각보다 단순하지 않다. 그래서 절차를 시작하기 전에 자신의 채무가 어떤 성격을 가지고 있는지, 면책 대상에 포함되는지 아닌지를 차분하게 점검해 보는 것이 중요하다. 개인회생은 단순히 빚을 줄여 주는 제도가 아니라 감당할 수 있는 범위를 정리하는 동시에 남겨야 할 책임의 범위를 분명하게 나누는 과정이기도 하다. 이 점을 충분히 이해하고 시작해야 절차가 끝난 이후에도 혼란 없이 삶을 이어갈 수 있다.

7 ——— 회생했는데
더 힘들어졌습니다

　개인회생을 시작하면 많은 사람들이 이제는 조금 숨을 쉴 수 있을 것이라는 기대를 품는다. 감당할 수 없던 빚에서 벗어나고, 정해진 변제금만 성실하게 납부하면 언젠가는 끝이 보일 것이라는 믿음이 생긴다. 실제로 개인회생은 무너진 삶을 다시 일으켜 세우기 위한 하나의 구조제도이다.

　하지만 모든 회생이 그 기대대로 흘러가지는 않는다. 오히려 회생을 시작했음에도 불구하고 시간이 지날수록 더 힘들어지는 경우도 있다. 다음 사례 역시 그런 경우였다.

　이분은 2023년 개인회생 인가를 받고 절차를 시작했다. 처음에는 계획대로 잘 흘러가는 듯했다. 매달 정해진 변제금을 납부하며 어떻게든 버티고 있었다. 그런데 시간이 지나면서 문제가 하나씩 드러나기 시작했다. 회생 신청 당시 포함되지 않았던 가전제품 렌탈 비용과 같은 채권이 몇 건 빠져 있는 상태였던 것이다.

이 작은 누락이 점점 큰 부담으로 이어졌다. 회생 변제금은 변제금대로 납부해야 하고, 빠져 있던 렌탈비는 렌탈비대로 계속 지출해야 하는 상황이 된 것이다. 하나를 줄이기 위해 시작한 절차가 오히려 지출 구조를 더 복잡하게 만들어 버렸다. 처음에는 버틸 수 있을 것 같았지만 시간이 지날수록 미납이 쌓이기 시작했고, 생활은 점점 더 팍팍해졌다.

결국 추가 대출을 고민하였고 회생 중인 사람들을 대상으로 한 대출 상품이 있다는 것을 알게 되었다. 그 사실을 알게 되고는 유혹을 완전히 뿌리치지 못하고 당장의 숨통을 트기 위한 선택을 하였다. 그러나 그 선택은 목이 마르다고 바닷물을 마신 격이었다. 대출로 메운 돈은 한 달 뒤 더 큰 부담으로 돌아왔고, 상황은 점점 더 깊은 수렁으로 빠져들었다.

약 1년 반이 지났을 무렵, 이분은 더 이상 버티기 어려운 상태에 이르렀다. 단순히 돈의 문제가 아니라 일상 자체가 무너지고 있었다. 매달 반복되는 압박 속에서 자존감은 계속 떨어졌고, 하루를 버티는 것 자체가 큰 부담이 되었다. 그제서야 이대로는 안 되겠다는 생각과 다시 시작해야겠다는 결심을 하였다.

그 선택이 바로 **'재회생'**이었다. 재회생은 말 그대로 개인회생을

  파산수업

다시 신청하는 것이다. 이미 한 번 회생을 진행하고 있는 상황에서 다시 절차를 시작한다는 것은 결코 가벼운 결정이 아니다. 하지만 감당할 수 없는 변제금을 계속 끌고 가는 것보다 현실에 맞게 다시 조정하는 것이 더 나은 선택일 수 있다.

이 사례에서도 가장 먼저 한 일은 변제금을 현실적인 수준으로 낮추는 것이었다. 기존에는 매달 120만 원을 납부하고 있었지만, 재신청을 통해 100만 원 수준으로 조정하는 방향으로 계획을 세웠다. 또한 기존에 유지하던 렌탈 계약을 정리하고, 해당 채권을 회생 채권에 포함시켜 함께 해결하는 방식으로 구조를 다시 짰다. 그동안 따로 흘러가던 지출을 하나의 틀 안으로 묶어 낸 것이다.

물론 과정이 순탄하지만은 않았다. 재회생을 준비하는 동안 기존 회생 절차가 사실상 중단되면서, 그동안 보호해 주던 장치들도 함께 사라졌다. 금지명령이나 개시결정으로 막아 주던 추심이 다시 시작된 것이다. 일부 채권사는 상황을 이해하고 기다려 주기도 했지만, 그렇지 않은 곳도 있었다. 매일같이 걸려오는 전화와 반복되는 변제 요구, 끊임없이 이어지는 압박은 다시 큰 부담이 되었다.

이때 활용할 수 있는 방법 중 하나가 채무자대리인 제도이다. 변호사를 선임하면 채권자는 더 이상 채무자에게 직접 연락할 수 없고, 모든 연락은 대리인을 통해 이루어진다. 이분 역시 이 제도를 통해 추심에서 어느 정도 벗어날 수 있었다. 상황이 완전히 해결된 것은 아니었지만, 최소한 일상을 유지할 수 있는 숨통은 다시 열리게 되었다.

재회생은 새로운 시작이지만, 동시에 또 하나의 과정이기 때문에 불안은 쉽게 사라지지 않는다. 보정 절차를 기다리는 동안 하루는 괜찮다가도 다음 날은 다시 불안해지는 감정이 반복된다. 그래도 중요한 것은 방향이 바뀌었다는 점이다. 무너지는 방향이 아니라, 다시 회복을 향한 방향으로 움직이고 있다는 사실이다.

이 사례를 통해 분명히 말할 수 있는 점은, 회생 중이라도 감당하기 어려운 상황에 이르면 재회생이라는 방법이 존재한다는 것이다. 다만 그 판단이 늦어질수록 부담은 더욱 커질 수밖에 없다.

특히 재회생의 가장 큰 부담은 기존에 납부했던 변제금이 사실상 사라진다는 데 있다. 이미 납부한 금액이 원금이 아니라 이자에 가까운 형태로 소진되기 때문에, 다시 시작하는 순간 이전의 노력은 대부분 초기화된다. 그렇기 때문에 버틸 수 없는 상태임에도 불구하고 시간을 끌수록 손해는 더 커진다.

많은 사람들이 '조금만 더 버텨 보자'고 생각하지만 그 '조금'이 결국 더 큰 부담으로 돌아오는 경우가 많다. 회생은 버티는 싸움이 아니라 조정하는 과정이다. 현실에 맞지 않는 구조를 계속 끌고 가는 것이 아니라 다시 맞추는 것이 더 중요하다.

이미 회생을 시작했는데도 더 힘들어졌다면, 그것은 실패가 아니라 방향을 다시 잡아야 한다는 신호일 뿐이다. 그 신호를 외면하지 않는 것이 결국 끝까지 가는 가장 현실적인 방법이다.

8 —————— # 문제를 해결하는 첫 번째 열쇠
– 받아들이기

상담실에서 낯익은 장면이 있다. 처음 문을 열고 들어오는 사람들은 대부분 두 가지 감정 사이를 오가고 있다. '내가 왜 이렇게까지 됐나'라는 자책과 '혼자서도 어떻게든 될 거야'라는 기대 사이이다. 그 사이를 수개월, 때로는 수년을 오가다가 겨우 이 자리에 앉는다.

50대 초반 남성이 사무실을 찾아왔다. 대기업에서 20년을 넘게 일하다가 희망퇴직을 했다. 지인의 소개로 퇴직금을 상가에 투자했고, 수익률도 그럴싸했다. 그런데 분양 계약금을 낸 뒤 시행사가 사라져 퇴직금의 대부분이 날아갔다. 거기서 끝이 아니었다. 손실을 만회하려다 추가로 대출을 받았고, 그 돈마저 잃었다. 잠을 잘 수 없었고, 밥도 먹을 수 없었다. 끝내는 공황발작까지 왔다.

그는 사무실을 찾아오기까지 1년이 걸렸다고 했다. 그동안 혼자 해결해 보려고 아내에게조차 아무 말도 하지 못했다. 말하는 순간 모든 게 끝날 것 같았기 때문이다. 나는 1년 전과 지금이 달라

진 게 있냐고 물었는데 그는 오히려 더 나빠졌다며 고개를 저었다.

그렇다. 버티는 동안 문제는 멈추지 않는다. 많은 의뢰인이 "조금만 더 버티면 괜찮아질 줄 알았습니다"라고 이야기를 한다. 하지만 버팀은 해결이 아니다. 특히 재정 문제에서는 버티는 동안 비용이 계속 발생한다. 돈은 사람을 기다려 주지 않는다. 6개월만 더 일찍 왔어도 집을 지킬 수 있었을 사람이 버티다가 결국 모든 것을 잃는다. 시간은 때로는 가장 비싼 대가를 요구한다.

그런데도 사람들은 왜 계속 혼자 버티려 할까. 현실을 인정하는 순간 정말로 끝이 날 것 같기 때문이다. 말하면 무너질 것 같고, 인정하면 돌이킬 수 없을 것 같아서 부정하는 쪽을 택한다. '다음 달에는 수입이 생길 거야. 이번 프로젝트만 성공하면 돼', '곧 좋은 기회가 올 거야'와 같은 막연한 기대는 현재의 문제를 보지 못하게 하고, 개입의 시점을 늦추며, 선택지를 더 나빠지게 한다.

나는 의뢰인들에게 1년 전에도 같은 생각을 했냐고 물을 때가 있다. 그러면 대부분은 고개를 끄덕인다. 그때도 조금만 더 버티면 괜찮을 거라고 생각했지만 시간이 지나도 상황은 나아지지 않고 오히려 더 나빠졌다. 그런데도 여전히 조금만 더 버티면 괜찮아질 것이라고 생각한다. 더 큰 문제는 버티는 동안 정신적·육체적·재정적으로 체력이 소진된다는 것이다. 가장 중요한 선택을 해야 할 순간에 가장 약해진 상태로 맞이하게 되는 것이다.

사실 버티는 것 자체는 문제가 아니다. 버티는 동안 아무것도 바꾸지 않는 것이 더 큰 문제이다. 회복은 개인의 의지가 아니라 구조를 바꾸는 데에서 시작된다. 수입과 지출의 구조, 힘을 쓰는 곳, 반복되는 패턴들을 바꾸지 않은 채로 버티는 것은 별 의미가 없다.

문제를 부정하는 동안에는 아무것도 달라지지 않고, 현실을 받아들이는 순간부터 회복이 시작된다. 이것은 비단 빚의 문제만이 아니라 어떤 위기이든 마찬가지이다. 회복이 어려운 이유는 의지가 없어서가 아니라, 현실을 인정하지 않으므로 의지를 실행할 구조 자체가 만들어지지 않기 때문이다.

회생과 파산도 마찬가지이다. 빚을 인정하고 다음 절차를 밟아나가야 법적·현실적 선택지가 비로소 열린다. 그리고 그 다음 단계는 작은 것부터 바꾸는 것이다. 수입과 지출을 정리하고, 불필요한 소비를 없앤다. 이런 작은 변화들이 쌓여야 큰 변화가 온다. 법은 시간을 벌어 줄 수 있지만, 그 시간을 어떻게 쓸 것인지는 본인의 몫이다. 법적인 절차는 일시적인 숨통일 뿐, 진짜 해결책은 그 다음에서 온다.

회복이 어려운 이유의 또 하나는 혼자 감당하려는 태도이다. 도움을 요청하는 것을 패배로 여기기 때문이다. 그러나 전문가를 찾아가는 것은 포기가 아니라 전략이다. 혼자서는 보이지 않던 선택지가 상담 한 번으로 열리는 경우가 많다. 그 남성도 1년을 혼자 버텼지만, 상담 한 시간 만에 방향이 잡혔다.

그가 상담을 마치고 나가면서 말했다.

"변호사님, 제가 여기서 1년을 더 버텼으면 어쩔 뻔 했을까요."

문제를 해결하는 첫 출발은 거창한 각오가 아니라 '이대로는 안 되겠다'는 인식이다. 현실을 그대로 인정하는 것, 도움이 필요하다는 것을 받아들이는 그 순간에 이미 회복은 시작된 것이다. 그리고 그러한 회복의 과정에서 사람들은 빚에 끌려다니는 삶이 아니라 스스로 선택하는 삶으로, 버티는 삶이 아니라 만드는 삶으로, 진정한 자기 삶의 주인이 된다.

상담실 문을 두드리는 것, 그것이 첫 번째 열쇠이다.

9 ——————   사건번호
                    4885

재판에서 먼저 불리는 것은 사람의 이름이 아니라 사건번호이다. 회생이나 파산사건을 법원에 접수하면 곧바로 사건번호가 부여된다. 개인회생의 경우 '2026개회○○○○○'와 같은 형식으로 표시된다. 이는 연도, 사건의 종류 그리고 그 해에 접수된 순서를 의미하는 숫자의 조합이다. 별생각 없이 보면 그저 행정표식이다. 하지만 이 번호 하나에는 그 사람이 법원의 문 앞에 서기까지 걸어온 시간이 담겨 있다. 무심해 보이는 숫자 뒤에는 누군가의 눈물과 잠 못 드는 밤, 수없이 망설인 선택들이 새겨져 있는 것이다.

법은 공정하기 위해 사건을 번호로 부른다. 그러나 변호사는 그 번호를 다시 사람으로 번역하는 역할을 해야 한다. 동일한 금액의 채무라도 무너지는 속도와 시기는 사람마다, 가정마다 다르다. 사건을 숫자로만 보면 해결은 빠를 수 있지만, 사람을 이해하지 못하면 문제는 반복된다. 다만 변호사의 순탄한 번역업무를 위한 조건이 있다. 바로 의뢰인이 자신의 상황을 정확한 숫자로 직시할 수 있어야 한다는 점이다.

상담을 하다 보면 자신의 채무 규모나 채권자가 몇 곳인지 정확히 모르는 채로 오는 분들이 많다. 막연히 많다는 것만 알고, 구체적으로 얼마인지는 모른다. 두려워서 확인을 하지 못한 경우도 있고, 확인을 하면 더 절망스러울 것 같아서 외면하는 경우도 있다. 그러나 '아는 것이 힘이다'라는 이 말은 회생과 파산에서 특히 더 유효하다.

채무가 어떻게 생겼는지, 언제부터 감당이 안 되기 시작했는지, 가장 시급한 문제가 무엇인지는 사건 담당자인 본인이 제일 잘 안다. 이 정보들을 본인이 먼저 정리하고 파악해야 변호사나 법원이 제대로 도울 수 있다. 수동적으로 앉아서 누군가 해결해 주기를 기다리는 사람과 자기 상황을 정확히 파악하고 능동적으로 움직이는 사람의 결과는 다르다.

실제로 그렇게 해온 의뢰인이 있었다. 30대 후반의 자영업자였다. 폐업 이후 카드론과 사채까지 이용하게 되었고, 연체가 시작된 지 1년이 넘은 상태였다. 처음에 상담을 왔을 때 그는 채권자 목록을 직접 정리해서 가져왔다. 금융기관별 잔액, 이자율, 연체

기간까지 본인이 직접 뽑아온 것이었다. "채무가 얼마인가요?" 하고 물었더니 서류를 꺼내 놓으면서 말했다.

"정확히 9,300만 원입니다."

그 숫자를 직접 직면하기까지 얼마나 힘들었을지 짐작이 갔다. 하지만 그 용기가 절차를 빠르게 만들었다. 상담시간의 상당 부분을 줄일 수 있었고, 법원에 제출할 서류 준비도 훨씬 수월했다. 개인회생 인가까지 걸린 시간도 평균보다 짧았다.

결국 문제 해결의 핵심은 자기 자신에게 있다. 사건번호 뒤에 숨은 것은 숫자가 아니라 사람이고, 그 사람이 자기 사건을 가장 잘 아는 사람이다. 능동적으로 알아보고, 움직이고, 도움을 요청하는 것, 그것이 회복의 시작이다.

개인회생절차를 성공적으로 마친 또 다른 의뢰인이 있었다. 도박으로 생긴 채무임에도 불구하고 괜찮은 변제율로 변제계획인가를 받았고 얼마간은 변제금을 잘 납부했다. 그런데 그는 도박을 끊지 못했다. 변제금을 내던 중에 다시 도박에 빠졌고, 손실이 나자 추가 대출을 받아 다시 도박을 했다. 회생 중에 대출을 해준 채권사는 여느 채권사와는 다르다. 독촉은 본인 외 가족들까지 두려움에 빠지게 하자 그는 더는 방법이 없다고 생각했는지 그만 극단적인 선택을 했다.

나는 의뢰인 가족의 연락을 받고는 한동안 아무 말도 할 수 없었다. 가족들은 고통 속에서도 해결을 원했기 때문에 가족들에게 빚이 넘어가지 않도록 한정승인과 상속재산파산 절차를 진행했다. 본인이 세상을 떠났기 때문에 채권사 정보도, 채무 사용내역도 어느 것 하나 제대로 파악하기 어려웠다. 유족들은 그가 남긴 빚의 실체를 하나하나 파헤치며 다시 한번 고통을 겪어야 했다.

사건번호는 결국 사람의 이름으로 돌아온다. 사건은 번호로 시작됐을지라도 사람의 삶은 이름으로 존재한다. 우리가 부여받은 사건번호의 숫자 뒤에는 누군가의 삶이 있다. 그 삶을 지키는 것이 회생의 목표이고 진정한 의미이다.

부자는 사고, 가난한 사람은 쓴다

회생 파산 전문 변호사로서 일을 하면서 의미심장한 사실을 하나 깨달았습니다. 별일 없이 지내던 사람들, 심지어 잘나가기까지 하던 사람들이 무너지는데 공통된 패턴이 있습니다. 바로 버는 속도보다 쓰는 속도가 빨랐다는 점입니다. 이 사람들은 어떤 직업이든, 얼마의 돈을 벌었든 바로 무너집니다.

많은 분이 이렇게 말합니다. "저는 돈을 많이 못벌어서……."

그런데 같은 돈을 벌면서도 누구는 파산을 하고, 누구는 집도 사고 여유롭게 삽니다.

차이는 '소득'이 아니라 '사용법'입니다. 돈의 첫 번째 속성은 '흐른다'입니다. 가만히 두고 싶어도 빠져 나갑니다. 그래서 저는 이렇게 말하고 싶습니다. "파산하지 않으려면 돈을 버는 것보다, 돈을 새지 않게 막는 것이 먼저다."

돈은 남는 것이 아니라 남기는 것입니다. 10만 원이 남는 사람은 100만 원을 남길 수 있습니다. 하지만 10만 원도 남기지 못하는 사람은 500만 원을 벌어도 남기지 못합니다. 사회의 구조가 그렇습니다. 카드사는 소비를 설계하고, 금융기관은 이자를 걷을 뿐 내주지 않고, 우리는 빚을 만들고, 결국 다시 상담실로 옵니다.

만약 지금 카드 돌려막기 중이거나 월급이 들어오면 바로 빠져나간다거나 '조금만 버티면 되겠지'라고 생각 중이라면 이미 경고등은 켜졌습니다. 버티는 게 해결이 아니라 구조를 바꾸는 게 해결입니다. 회생파산은 실패가 아닌 재시작 버튼입니다. 돈을 '쓰지 않는 법'을 배운 사람만이 회복합니다. 시스템을 정리하고, 소비구조를 바로잡을 수 있다면 5년 뒤 인생은 완전히 달라집니다.

"돈을 버는 것보다, 쓰지 않는 법을 먼저 배우십시오." 이것이 빚에서 벗어나는 첫걸음입니다.

대파산시대

1 ——— 빚 권하는 사회

교과서에도 실렸던 《술 권하는 사회》라는 유명한 제목의 소설이 있다. 1921년 발표된 현진건의 단편소설로, 일제강점기 지식인의 무기력을 다루었다. 사회가 술을 권한다는 뜻으로 주인공 남자가 내뱉은 말 그대로가 소설의 제목이다.

소설의 줄거리는 이렇다. 아내는 결혼한 지 7~8년째 홀로 일본 도쿄에 간 남편을 기다린다. 공부라는 것을 돈이 나오는 도깨비방망이라고 생각하면서 말이다. 그러나 돌아온 남편은 생각했던 똑똑한 사람과는 달리 매일 만취해서 들어오는 것이다.

어느 날 새벽 2시에 술에 취해 귀가하는 남편에게 아내는 "술 좀 그만 마시라"고 투정한다. 남편은 무엇이 자신에게 술을 먹이는지 아내에게 물어본다. 아내는 "하이칼라와 홧병"이라고 답하지만, 남편은 "둘 다 답이 아니다"라고 한다. 남편은 "조선 사회가 나에게 술을 권한다"라고 말하지만, 아내는 사회라는 단어를 이해하지 못하고 그저 요릿집 정도로만 생각한다. 남편은 "아아! 답답해!" 하면서 집을 나서고, 아내는 "그 몹쓸 사회가 왜 술을 권하는고!"라며 절망한다. 왜 이 소설이 머릿속을 맴돌까.

우리 사회는 빚을 권하고 있다. 현대사회는 금융이 돌아가지 않으면 곤란하다. 그런데 금융에는 막상 순수자본, 고유자본은 얼마 되지 않고 많은 부분이 빚이다. 여기에 코인, 주식, 선물상품 등 실제 존재하는지도 모를 것들이 뒤섞여 있다.

경기가 좋았던 때는 도통 언제였는지 모르겠지만, 지금을 불경기라고 한다. 경기가 좋지 않다고 하면 사람들이 위험을 떠앉는 행위를 삼간다. '위험을 떠앉는 행위'는 곧 '빚을 내는 행위'로 이해할 수 있다. 이렇게 불경기가 되어 빚을 내지 않는 분위기가 되면 금융이 순환하지 않는다. 사람들이나 회사가 주머니를 열지 않는, 소위 '돈맥경화'가 발생하면, 금융이 질식하게 된다. 그래서 금융과 금융을 움직이는 사람들은 다시 우리에게 빚을 내라고 손을 내민다.

정부는 어떻게든 금리를 내리고, 은행은 대출 문턱을 낮춘다. "지금이 기회입니다"라는 광고가 넘쳐 난다. 전세자금대출, 창업자금대출, 중소기업 특별지원, 청년대출 등 이름은 다양하지만 본질은 하나다. '빌려라. 빚을 내라. 그래야 경제가 돈다.'

이것이 옳지 않은 의도라고 말하려는 것이 아니다. 경제는 순환이고, 순환의 연료는 자본이며, 자본의 상당 부분은 빚으로 이루어져 있다. 이것은 현대 금융의 구조적 현실이다.

문제는 빚을 권하는 사회가 빚의 무게는 설명해 주지 않는다는 것이다. 돈을 빌려주는 창구는 넓고, 갚는 법을 알려 주는 곳은 좁다. 대출 상품은 화려하게 포장하고, 이자의 복리 계산은 작은 글씨로 적혀 있다. '당신도 할 수 있다'는 말은 크게 들리고, '감당이 안 될 수도 있다'는 말은 들리지 않는다. 이쯤 되면 빚을 내지 않으면 뒤쳐진 사람으로 여겨질 판이다. '빚투'란 말도 더는 낯설지 않다. 그렇게 빚은 시작된다.

처음에는 어떻게든 막기 때문에 괜찮다. 이 구멍을 저 구멍으로 막고, 저 구멍을 또 다른 구멍으로 막는다. 그러다 어느 날, 더 막을 구멍이 없어지면 그때서야 사람들은 내가 권유받은 것이 기회가 아니라 빚이었다는 것을 알게 된다.

이 일을 하다 보면 20대가 1억 원에 육박하는 신용채무를 지고 있는 경우를 심심치 않게 본다. 직장을 다닌 지 얼마 되지도 않았고, 급여도 얼마 되지 않았는데 뭘 보고 이런 큰돈을 턱턱 빌려주는지 처음에는 너무 신기했다.

대학을 졸업하고 바로 취업해서 6개월 정도 직장을 다닌 청년이 신용대출 1억 원을 가지고 있는 사례도 보았다. 당사자는 하늘에서 돈이 떨어지는 느낌을 받았을지도 모른다.

간접경험을 통한 신용대출의 대략적 기준을 보면, 6개월 재직 기준 제1금융권에서는 연봉의 1.5배까지 대출이 나오는데, 제2, 제3금융권으로 가면 대출한도가 2배가량 올라가는 것으로 보인다. 그러니 연봉 3,000만 원을 받는 신입사원이 신용대출 1억 원을 내는 게 가능한 것이다.

나는 그런 사람들을 매일 만난다. 빚이 시작된 이유는 사업 실패, 보증, 의료비, 이혼, 명의 대여, 코인, 실직 등 제각각이다. 그러나 그들이 내 사무실 문을 두드리기 전까지 걸어온 길은 놀랍도록 닮았다. 빌리고, 막고, 또 빌리고, 끝내 막지 못한 길……. 그 길의 출발점에는 언제나 누군가의 권유가 있었다.

사회는 빚을 권한다. 그리고 그 유혹은 참으로 달콤하다. 이 일을 하면 할수록 이런 생각을 떨칠 수가 없다.

우리 사회는 참으로 빚 권하는 사회이구나.

2 ——————

20대가
파산하는 이유

2023년 서울회생법원에서 개인회생 개시결정이 이루어진 사건은 19,379건으로 전년보다 30.7% 늘었다. 그중 20대 신청 사건은 3,278건으로 전년 2,255건보다 45.3% 급증했다. 20대 신청자 비율은 2021년 상반기 10.3%에서 2023년 하반기 17%로 꾸준히 상승세를 보인다. 단순한 증가가 아니라 추세이고 이 추세는 멈추지 않고 있다.

법원은 그 원인을 가상자산과 주식투자 실패로 분석했다. 틀린 말은 아니다. 다만 나는 매일 그 사람들을 만나는 입장에서 조금 다른 원인을 찾는다. 바로 소비 습관이다.

파산 상담실에 앉아 있는 2030세대는 대부분 비슷한 말을 한다. "큰돈을 쓴 적은 없어요." 이 말은 대개 사실이다. 요즘 2030은 명품이나 과시적인 소비로 무너지는 경우보다 훨씬 조용한 방식으로 눈에 띄지 않게 무너진다. 문제는 얼마나 많이 쓰느냐가 아니라, 어떻게 쓰느냐이다.

지금의 소비는 대부분 자동화되어 있어서 구독 서비스, 배달, 통신비, 각종 멤버십과 정기 결제를 한 번 설정해 두면 매달 같은 날짜에 같은 금액으로 빠져나간다. 소비를 결정했다는 감각은 사라지고, 카드 청구서와 통장에는 결과만 남는다. 현금을 꺼내 건네면 돈을 쓴다는 감각이 생기고, 지갑이 얇아지는 것이 눈에 보이기 때문에 자연히 손이 멈춘다. 그렇지만 카드를 긁거나 페이로 터치하거나 앱에서 클릭 한 번으로 결제하면 돈을 지출한다는 감각 자체가 무뎌진다. 숫자가 줄어드는 것이 보이지 않으니 멈춤도 없고, 소비는 점점 추상화된다. 이런 구조 속에서 사람들은 스스로 '나는 돈을 별로 쓰지 않는다'라고 인식하기 쉽다.

하루에 커피 한 잔, 배달 한 번, 편의점 한 번씩의 지출은 감당할 수 있는 선택처럼 보인다. 하지만 이 선택들이 모이면 한 달의 여유를 통째로 잠식하여 카드 명세서를 확인하기 전까지는 대부분 자각하지 못한다. 그 공백을 메우는 방식이 할부와 후불이다. 무이자라는 말은 부담을 줄여주는 것처럼 보이지만, 실제로는 책임의 시점을 뒤로 미룰 뿐이다. 이번 달만 넘기면 괜찮을 것 같다는 기대는 매달 반복된다. 그러나 월급의 상당 부분이 이미 과거의 소비를 갚는 데 쓰이기 시작하면, 삶은 매달 제자리걸음을 하게 된다.

이 시점에서 많은 사람들이 투자를 떠올린다. 주식이나 코인은 이제는 자산 증식의 수단이라기보다 막힌 흐름을 뚫기 위한 출구처럼 인식된다. 2030세대는 저축을 해도 인생이 달라지지 않고, 집값은 월급 상승 속도를 훨씬 앞지르며, 연금은 믿을 수 없고, 회사가 내 인생을 책임져 줄 것이라는 믿음도 없는 시대를 살고 있다. 그래서 고위험인 줄 알면서도 주식이나 코인에 투자한다. 이런 마음이니 투자를 해도 불안, 안 해도 불안이다.

대학생 때 한 달 용돈으로 100만 원을 넘게 쓰던 청년이 있었다. 부모님의 넉넉한 지원 덕분에 부족함을 느껴 본 적이 없었다. 취업했으나 신입사원 월급이라 해봐야 200만 원 남짓이다. 그런데 소비는 줄지 않고 오히려 늘었다. 정장을 사야 하고, 구두를 사야 하고, 데이트 비용을 내야 하고, 취업 턱을 내야 한다. 사회생활을 시작했다는 해방감에 씀씀이는 더 커진다.

월급만으로는 감당할 수 없어서 신용카드로 메우다 보니 카드론이 생기고 현금서비스가 더해진다. 연차가 쌓이면서 월급은 오르는데 빚은 월급보다 빠르게 오르며, 이자가 원금을 앞서는 시점이 온다. 그렇게 몇 년이 지났을 때 우리 사무실 문을 두드렸다.

이런 사례는 드물지 않다. 오히려 우리가 자주 보는 패턴이다. 문제의 뿌리는 소비가 너무 쉬워졌다는 데에 있다. 소비 절제 경험이 없는 20대에게 대출 문턱마저 낮다. 6개월만 재직해도 연봉의 1.5배에서 2배까지 대출이 나오는 구조에서, '하늘에서 돈이 떨어지는 느낌'이라고 했던 청년의 말이 전혀 틀리지 않다. 그 돈이 기회처럼 느껴지는 순간, 소비 습관이 잡혀 있지 않은 사람에게는 무너짐의 시작이 된다.

대부분의 파산은 어느 날 갑자기 닥치는 사건이 아니다. 고정비의 증가와 작은 결제의 반복, 할부와 후불 사용, 카드 돌려막기와 연체의 시작, 대출의 확장과 신용도의 붕괴로 이어지는 이 과정에서 어느 한 지점에 무너진 것처럼 보이지만, 실제로는 오래전부터 균형을 잃은 상태가 유지되어 온 결과이다. 물론 도박 채무나 보이스피싱처럼 단 한 번의 사건으로 삶이 완전히 무너지는 경우도 있다. 그러나 내가 더 자주 보는 것은 작은 선택들이 쌓이고 쌓여 어느새 습관이 되어 버린 경우이다.

다만 20대이기 때문에 회복도 빠르다. 스스로 깨닫기만 한다면 충분히 습관을 고쳐 나갈 수 있다. 회생을 하더라도 이점이 많다. 아직 급여가 높지 않은 만큼 변제금 책정에도 유리하다. 회생법원

　　　　　　　　　　　　　　　　　　　　　　파산수업

은 20대 청년에게 특별히 3년 미만의 변제 기간을 허락한다.

파산을 해결하는 일은 서류를 정리하는 데에서 끝나지 않는다. 소비의 구조, 결제의 방식, 돈을 대하는 태도가 함께 바뀌지 않으면 같은 문제는 다시 반복된다. 나는 기회가 닿을 때마다 이렇게 말한다. 빚 문제는 의지의 문제가 아니라 설계의 문제이고, 중요한 것은 과거를 책망하는 것이 아니라 패턴을 이해하고 개선하는 것이라고.

2030세대의 소비는 불확실한 시대 속에서 자신을 지키기 위한 선택이라는 점에서 이해할 수 있는 측면이 있다. 그러나 이해와 방치는 분명히 다르다. 소비가 삶을 지탱하는 수단이 아니라 삶을 압박하는 원인이 되기 시작했다면 방향을 바꿔야 한다. 이것은 개인의 실패가 아니다. 절제를 알려주기는커녕 소비를 부추기고, 대출 문턱을 낮추는 사회가 만들어 낸 구조의 문제이다. 그러나 그 구조 안에서도 선택은 가능하다. 파산은 끝이 아니라 구조를 다시 세우라는 신호이고, 그 신호를 조금 더 빠르게 읽을 수 있다면 많은 문제는 파산에 이르기 전에 멈출 수 있다.

3 ————

창업은 쉬워졌고,
버티는 것은 더 어려워졌다

창업하는 방법을 묻는 사람은 줄었고, 창업을 포기하는 방법을 묻는 사람은 늘었다. 스마트스토어 개설은 하루면 되고, 사업자등록은 온라인으로 몇 분이면 끝난다. 배달 플랫폼에 입점하는 것도, SNS로 브랜드를 알리는 것도 예전보다 훨씬 쉬워졌다. 그런데 이상하게도 상담실의 문을 두드리는 자영업자는 줄지 않고 오히려 더 젊어지고 있다.

창업이 쉬워졌다는 말은 실패도 쉬워졌다는 말이다. 취업시장의 불확실성 속에서 스스로 수익을 만들어야 하는 사람들이 많아졌고, 그 선택이 쉬워진만큼 준비 없이 시작하는 경우도 늘었다. 쉽게 시작했으니 쉽게 접으면 된다고 생각하지만 실상은 전혀 그렇지 않다. 폐업이 결정되는 순간까지 부채는 계속 쌓여 있고, 밀린 임금과 세금, 대출원리금, 거래처 미지급금이 고스란히 남는다. 창업은 쉬워졌지만 폐업은 결코 쉽지 않다.

매출은 일정하지 않고 임대료와 인건비, 세금과 같은 고정 비용은 꾸준히 발생한다. 이 균형이 한 번 무너지기 시작하면 사업은 생각보다 빠르게 흔들리며, 빚을 빚으로 막는 구조로 이어지기 쉽다. 그리고 그 순간, 많은 자영업자들이 같은 질문 앞에 서게 된다. '이 상태에서 개인회생을 신청하면 사업을 계속할 수 있을까, 아니면 그냥 사업을 정리해야 하는 것일까?'

그러나 이 질문의 전제부터 다시 살펴볼 필요가 있다. 개인회생은 사업을 포기하는 절차가 아니다. 오히려 일정한 소득이 지속적으로 발생해야 절차를 유지할 수 있기 때문에, 자영업자라면 사업을 이어 가는 것 자체가 회생의 전제 조건이 된다. 즉 개인회생은 사업을 중단하는 선택이 아니라 무너지는 흐름을 멈추고 다시 정리하기 위한 방법에 가깝다.

물론 소득이 지나치게 불안정하거나 적자가 지속되는 구조라면 변제계획을 유지하기 어려울 수 있다. 다만 자영업의 특성상 수입이 매달 일정하지 않은 경우는 매우 일반적이며, 이 경우에는 일정 기간의 평균 수익을 기준으로 변제금이 산정된다. 따라서 자영업자라는 이유만으로 개인회생이 불가능한 것은 아니다. 중요한 것은 사업의 형태가 아니라 그 사업이 만들어 내는 수익의 지속 가능성이다.

채무의 범위도 폭넓다. 금융기관의 채무뿐만 아니라 개인 간 채무, 사업 과정에서 발생한 채무까지 원칙적으로 회생 절차에 포함할 수 있다. 다만 고의적인 불법행위로 인한 손해배상채무 등 일부 비면책채권은 예외가 있으므로 개별 상황을 살펴보는 것이 필요하다. 세금에 관해서도 마찬가지인데, 국세와 지방세는 면책 대상에서 제외되는 것이 원칙이지만, 변제계획안에 반영하여 분할 변제하는 방식으로 현실적인 해결이 가능하다. 세금 문제가 있다는 이유만으로 회생 절차를 포기할 필요는 없다.

또한 개인회생 절차에서는 법원의 금지명령 또는 중지명령을 통해 채권자의 추심과 압류를 일정 범위에서 막을 수 있다. 사업장 계좌나 집기에 압류가 들어온 상태에서는 사업 운영 자체가 불가능해지는 경우도 있는데, 이러한 상황이 본격화되기 이전에 회생을 검토하는 것이 현실적으로 유리한 이유이다. 다시 말하지만 회생 절차는 빠를수록 선택지가 넓어진다.

한 가지 오해를 짚어 두자면, 법인회생과 개인회생은 전혀 다른 절차다. 법인회생은 법원의 개입과 제약이 크고 대표자의 경영권에도 영향이 생기지만, 개인회생은 사업 운영이나 사업자 자격에 직접적인 제한을 두지 않는다. 자영업자가 개인회생 절차를 밟는다고 해서 가게 문을 닫아야 하는 것이 아니라는 뜻이다.

다만 절차가 진행되는 동안에는 신중한 자세가 필요하다. 새로운 사업 확장이나 무리한 투자는 변제계획안에 부담을 줄 수 있으며, 이 기간만큼은 성장보다 유지에 집중하는 것이 면책을 향한 가장 안전한 길이다. 개인회생은 정해진 기간 동안 변제금을 성실히 납부했을 때 비로소 면책으로 이어지는 구조이기 때문이다.

쉽게 시작한 사업이 어느 순간 감당할 수 없는 짐이 되어 있더라도 그것이 실패의 끝일 필요는 없다. 개인회생은 그 짐을 내려놓고 다시 시작하기 위한 법적 장치이며, 자영업자에게도 충분히 열려 있는 선택이다.

자영업자의 선택, 어떤 절차가 맞는가

개인사업자라면 개인회생을 신청할 수 있는 것인지부터 막막하게 느껴지는 경우가 많고, 사업자는 일반회생을 해야 하는 것 아닌가 하는 막연한 생각도 여기서 비롯된다. 그러나 개인회생은 급여소득자만을 위한 제도가 아니다. 신용채무 10억 원, 담보채무 15억 원 이하라는 기준만 충족한다면 자영업자도 동일하게 이용할 수 있다. 오히려 일반회생은 절차가 복잡하고 비용도 상당하기 때문에 일정 규모 이상의 채무가 아니라면 현실적인 선택이 되기 어렵다. 실제로 대부분의 개인사업자는 개인회생을 통해 문제를 해결한다.

　중요한 것은 어떤 제도가 더 낫느냐가 아니라 지금의 상황에서 어떤 것이 맞는 선택이냐 하는 점이다. 사업을 계속 유지해야 한다면 일반회생을 통해 구조를 조정하는 방법이 있고, 현재의 사업을 정리하고 새로운 출발을 준비하는 것이 더 현실적이라면 개인파산 역시 선택지가 된다. 많은 사람들이 파산을 선택지에서 제외하려 하지만 실제로 경제활동 자체가 막히는 경우는 드물다. 오히려 상황에 따라서는 더 빠르게 회복할 수 있는 경로가 되기도 한다.

　한 가지 더 짚어야 할 것은, 자영업자의 개인회생은 급여소득자의 경우와 설계 방식이 전혀 다르다는 점이다. 급여소득자는 소득이 비교적 명확하기 때문에 계산 구조도 단순한 편이지만, 자영업자는 매출과 비용, 계절적 변동까지 함께 고려해야 하고 어떤 항목을 어떻게 반영하느냐에 따라 결과가 크게 달라진다. '매출이 들쭉날쭉한데 변제금을 계속 낼 수 있을까', '필수적으로 들어가는 비용이 인정되지 않으면 어떻게 되나' 하는 이런 고민들은 지극히 현실적인 문제이며, 상담실에서 자영업자들이 가장 먼저 꺼내는 질문이기도 하다.

　업종마다 수익 구조와 비용의 성격이 다르기 때문에 단순한 공식으로 접근해서는 안 된다. 같은 개인회생이라 하더라도 매출의 흐름과 비용 구조를 어떻게 해석하느냐가 절차의 방향을 좌우하며, 비슷해 보이는 상황이 실제로는 전혀 다른 결과로 이어지는 경우가 많다.

그 차이는 대부분 경험에서 비롯된다. 자영업자의 회생을 오래 다뤄 온 사람일수록 업종별 특성과 변수에 대한 이해가 높고, 숫자 너머의 맥락을 읽을 수 있다. 막막하게만 보이던 상황도 그 과정을 거치고 나면 생각보다 분명한 방향이 보이기 시작한다. 혼자 판단하지 않았기 때문이다.

4 —————— ## 은행이 빌려주는 게
돈이 아니었다고?

회생·파산 사건을 맡는 변호사이다 보니 가장 자주 듣는 말들
이 있다.

"어떻게 남의 돈을 떼먹을 수 있나요."
"세상에 무슨 이런 법이 있어요."
"변호사가 되어서 남의 돈을 떼먹는 사람을 돕고 있나요."

이 말들은 내가 운영하는 유튜브 채널의 단골 악플이기도 하다.
심지어 법원 회생위원마저 비슷한 취지로 보정을 내리기도 한다.
채권자의 손실이 크니 변제율을 올리라는 취지의 보정이 그렇다.
충분히 이해가 된다. 빌린 돈을 갚지 않는다는 것은 분명 바람직
한 일이 아니기 때문이다. 도덕적으로 옳다고 말하기 어렵다는 것
을 채무자 본인도 알고 있다. 우리 사무실 문을 두드리는 사람 중

에 떳떳한 얼굴로 오는 사람은 거의 없다.

그런데 한 가지 짚고 넘어가야 할 것이 있다. 정작 채권자가 누구냐는 것이다. 회생·파산 사건에서 채권자의 98% 이상은 금융기관으로 은행, 카드사, 저축은행, 대부업체가 회생사건의 채권자이다. 분노에 찬 개인이 아니라 대출을 업으로 삼는 사업체들이다.

금융기관은 돈을 빌려주면서 돈을 버는 곳이고 그것이 곧 사업이다.

모든 사업에는 리스크가 있다. 식당을 열면 손님이 오지 않을 수도 있고, 공장을 돌리면 불량품이 나올 수도 있다. 마찬가지로 은행이 돈을 빌려주더라도 떼일 수 있다. 금융기관은 대출심사를 하면서 회수 가능성을, 대출이자를 산정하면서 손실 가능성을 계산에 넣는다. 이들은 채권에 관한 최고의 전문가들이다.

물론 개인 채권자는 다르다. 지인에게 빌려준 돈이나 거래처에서 받지 못한 돈이라면 그것은 진짜 억울하다. 그 억울함은 마땅히 존중받아야 한다. 그러나 그런 경우는 전체의 극히 일부이다.

여기서 한 발 더 들어가 보자. 은행이 우리에게 빌려주는 것, 그게 과연 '돈'일까? 조금 낯선 질문일 수 있다. 당연히 통장에 찍히는 것처럼 돈이라고 생각할 것이다. 그런데 은행이 실제로 어떻게 작동하는지를 들여다보면 이야기가 달라진다.

경제학에서는 이것을 '신용창조(信用創造, Credit Creation)'라고 부른다. 케인스 경제학 이후 현대 통화론의 핵심 원리로 자리 잡았고, 한국은행을 비롯한 각국 중앙은행에서도 공식적으로 사용하는 용어이다. 낯설게 들릴 수 있지만, 우리가 매일 쓰는 금융 시스템의 근간이다.

작동 방식은 이렇다. 당신이 은행에 1억 원을 예금했다고 하자. 은행은 그 돈을 금고에 고스란히 넣어 두지 않는다. 법적으로 정해진 최소한의 비율, 즉 지급준비율만큼만 남기고 나머지를 대출로 내보낸다. 한국의 지급준비율은 업종에 따라 다르지만 대략 3.5% 내외이다. 그러니까 1억 원이 들어오면 약 9,650만 원은 다시 시장으로 나가는 것이다. 그 돈을 빌린 사람이 그것을 다시 어딘가에 입금한다. 그 은행도 또 지급준비율만 남기고 대출을 내보내는 과정이 반복된다.

처음에 물리적으로 존재하던 1억 원이, 이 순환을 거치면서 시장에는 수억 원짜리 통화량으로 불어난다. 실제 현금은 1억 원뿐인데, 장부상의 돈은 몇 배로 늘어나는 것이다. 쉬운 말로 '돈 복사'라고 부르기도 한다. 은행은 사실상 실재하지 않는 돈을 숫자로 만들어 빌려주는 시스템 위에서 작동하기 때문에 없는 말은 아니다. 정확히 표현하면, 은행이 빌려주는 것은 현금이 아니라 신용(credit), 즉 돈을 빌려줄 수 있다는 능력 그 자체이다. 실물이 아닌 약속이 돈의 형태를 가장하여 유통되고 있는 것이다.

이 구조에는 태생적인 취약성이 내재되어 있다. 모든 예금자가 동시에 인출을 요구하면 어떻게 될까? 돈은 이미 대출로 나가 있기 때문에 은행은 그 돈을 갖고 있지 않다. 이 상황을 뱅크런(Bank Run)이라고 한다. 2023년 미국 실리콘밸리은행(SVB) 사태가 바로 그 전형적인 사례이다. 탄탄해 보이던 은행이 며칠 만에 무너졌다.

은행이 빌려주는 것이 실물 화폐가 아니라는 것은 단순한 금융 지식의 문제가 아니다. 이것은 은행의 본질이자 금융권력에 관한 이야기이다. 은행은 돈을 보관해 주는 금고가 아니라, 신용을 생산하고 유통하는 사업체이다. 예금금리와 대출금리의 차이, 즉 예대마진(Net Interest Margin)이 그 사업의 수익 구조이다. 위험을 감수하고, 그 대가로 이익을 취하는 구조인 것이다. 그렇다면 그 위험이 현실이 됐을 때, 즉 대출이 회수되지 않을 때 그것은 사업상 손실이다. 은행이 처음부터 인식하고 감수하기로 한 리스크가 실현된 것에 불과하다.

회생과 파산은 그 맥락 위에 있다. 채무자가 빚을 탕감받는 것은 은행의 선의가 아니다. 사회가 만든 규칙 안에서, 금융기관이 처음부터 인지했던 리스크가 법적으로 정리되는 과정이다. 은행은 그 리스크를 예대마진에 이미 반영해 두었다. 수많은 대출 중

일부가 회수되지 않더라도 전체 수익 구조가 유지되도록 시스템이 설계되어 있는 것이다.

있지도 않은 돈을 빌려주면서 이자의 노예로 만드는 이것이 바로 금융의 덫이다. 덫의 구조를 이해하면 덫을 빠져나가는 것도 더 수월해진다.

5 —————— 돈을 쓰지 말라는 진짜 의미
— 삶에도 구조조정이 필요하다

인터넷을 하다 보면 종종 접하는 장면이 있다. 유명 연예인이나 인플루언서가 착용한 시계가 몇천만 원짜리라는 기사, 그리고 아래 달리는 댓글들이다.

"저 사람한테 저 정도는 아무것도 아니지. 돈이 많은 사람이니까 저 정도는 괜찮잖아."
"내가 카시오시계 찬 느낌이네."
"몇억 원짜리 차도 탈텐데 검소하네."

그 안에는 소비의 기준이 조용히 이동하고 있다는 신호가 담겨 있다. 이런 말들이 반복될수록 소비의 크기에 점점 둔감해진다. 누군가의 소득을 기준으로 삼아 내 소비를 정당화하고, '비싸다'는 감각보다 '당연하다'는 생각이 앞서기 시작한다.

"부자가 3대를 가지 못한다"는 말이 있다. 우연히든 능력이든 돈을 모았더라도 그 가치를 지키지 못하면 결국 다시 내려간다는 뜻이다. 실제로 자수성가한 사람들을 보면 돈이 귀하다는 것을 안다는 공통점이 있다. 그래서 소비를 할 때 더 꼼꼼하게 꼭 필요한 순간에만 한다. 아이러니하게도 회생과 파산을 반복하는 사람들일수록 돈의 무서움을 잘 모르는 경우가 많다. 만 원의 가치를 느끼지 못하고, 내 소득은 계속 오를 것이라는 막연한 희망에 기대어 산다. 하지만 인생은 그렇게 흘러가지 않는다. 건강은 변하고, 직업은 바뀌고, 소득은 줄어들 수 있다. 그 가능성을 인정하는 것이 재정 관리의 출발점이다.

돈의 문제는 소득의 문제가 아니라 습관의 문제이다. 빚은 언제나 너무 쉽게 시작된다. 요즘 가장 흔한 빚의 출발점은 신용카드와 할부이다. 가전제품, 혼수, 인테리어, 심지어 일상용품까지 일단 사고 나중에 생각하자는 방식으로 결제된다. 돈을 모아서 하나씩 장만하고 채워 나가는 것은 옛말이 되었고, 최신 가전과 깔끔한 인테리어를 먼저 갖추고 SNS에 공유하는 것이 당연한 문화가 되었다. 매달 빠져나가는 할부금, 대출 이자, 각종 고정비용에 묻혀 사람들은 왜 저축을 하지 못하는지조차 모른 채 살아간다. 그렇게 여유는 사라지고, 예기치 않은 일이 생겼을 때 선택지는 다시 빚뿐이다. 갑자기 건강이 안 좋아지거나 실직을 당하거나 소득이 감소하는 일은 누구에게나 찾아올 수 있다. 대비가 없으면 빚은 더 깊어질 수밖에 없다.

사람은 누구나 압박을 받으면 해소할 출구를 찾는다. 그리고 그 출구로 가장 쉽게 선택하는 것이 소비이다. 금액이 크지 않다는 이유로 가볍게 누르는 결제 버튼 하나가 쌓이고 쌓여 결국 감당하기 어려운 부담이 된다. 내가 돈을 쓰지 말라고 하는 말의 진정한 의미는 당신의 인생 중 소비라는 즐거움을 포기하라는 뜻이 아니다. 내 지출 중 무엇이 꼭 필요한지, 무엇이 없어도 되는지를 직접 확인해 보라는 의미이다. 가장 현실적인 방법은 한 달 이상 모든 지출을 기록해 보는 것이다. 이 과정을 거치면 많은 사람들이 생각보다 필요 없는 지출이 너무 많다는 사실에 놀라게 된다. 소비를 대체할 몰입의 대상을 만드는 것도 도움이 된다. 운동, 취미, 에너지를 쓰는 활동처럼 돈이 들지 않으면서도 몰두할 수 있는 무언가가 있다면 놀랍게도 빚에서 벗어나는 속도가 달라진다.

한 의뢰인은 회생을 시작하면서 그의 지출 목록을 하나씩 지워 나갔다. 옷을 사지 않고 외식도 끊었다. 출퇴근은 무료 나눔 자전거로 해결했다. 편도 50분 거리를 매일 두 번, 비가 오나 바람이 부나 페달을 밟았다. 주변에서는 너무 극단적인 것이 아니냐고 했지만 그는 개의치 않았다.

그는 회생 기간 동안 변제금을 단 한 번도 밀리지 않았다. 면책을 받던 날에 그는 카페에 짧은 글을 올렸다. 별다른 말 없이 그냥 "끝났습니다"였다. 그리고 얼마 후 다시 글이 올라왔다. 청약에 당첨되어 아파트에 입주한다고 했다. 자전거로 50분을 달리던 사람이 내 집을 갖게 된 것이다.

빚의 진짜 정체는 '얼마'가 아니라 속도와 흐름이다. 소득이 늘어나는 속도보다 부채가 증가하는 속도가 빠를 때, 사람은 자신도 모르는 사이 위험 구간에 진입한다. 현장에서 자주 듣는 말이 있다. 매출은 나쁘지 않았다는 말, 카드 사용에는 문제가 없었다는 말, 다만 고정비가 먼저 빠져나갔다는 설명이지만 본질은 같다. 금액이 아니라 흐름이 문제였던 것이다. 법원도 채무 금액보다 먼저 흐름을 본다. 회생절차의 핵심 판단 기준은 얼마의 빚을 졌는지가 아니라, 현금 흐름이 회복 가능한 구조인지 여부이다.

여전히 많은 사람이 "이번 달만 버티면 괜찮아질 것 같다"라고 말한다. 그러나 소득이 늘어난다고 문제가 자동으로 해결되는 경우는 거의 없다. 소득이 늘어나는 만큼 소비도 함께 늘어나기 때문이다. 돈은 자연스럽게 남지 않으므로 남도록 만들어야만 한다.

회생과 파산은 실패가 아니다. 잘못된 흐름을 멈추고 삶을 다시 설계하기 위한 리셋 버튼에 가깝고, 돈을 대하는 태도를 다시 배우는 훈련의 시간이기도 하다. 소비 구조를 바꾸면 3년 뒤의 삶은 완전히 달라질 수 있다. 돈은 버는 것보다 쓰지 않는 것이 더 중요하다는 이 단순한 원칙을 이해하고 구조를 바꾸는 순간, 빚은 더 이상 인생을 지배하지 못한다. 그 훈련이 끝나야 비로소 삶도 다시 시작된다.

6 ——— 회생 · 파산제도가 탄생한 진짜 이유

도산제도는 왜 존재할까? 이 질문에 답하려면 먼저 하나의 문제를 풀어 볼 필요가 있다. 대학교 강의에서 출제한 문제를 함께 살펴보자.

Q. 다음 중 도산제도가 발전하는 데 가장 영향을 많이 끼친 관념은?

① 경제능력을 상실한 채무자를 도의적으로 배려해야 한다.

② 채권자들의 추심경쟁으로 인한 부작용을 막아야 한다.

③ 재산범죄 등 각종 범죄 증가로 인한 사회적 비용을 낮추자.

④ 도산사건을 늘려서 법원의 사회적 역할을 높이자.

⑤ 채무자의 경제능력 회복이 사회경제적으로 더 유리하다.

정답은 글의 마지막에서 확인해 보자.

많은 사람이 도산제도를 두고 결국 세금으로 빚을 탕감해 주는 것이 아니냐고 오해한다. 이 부분은 짚고 넘어갈 필요가 있다. 결론부터 말하자면 아니다. 도산제도에서 탕감되는 빚은 국가 예산과 무관하게 채권자들이 손실을 부담할 뿐이다. 그렇다면 채권자들이 억울한 것은 아닐까. 실제로 도산 사건 과정에서 채무자에게 항의 전화를 하거나 악성 댓글을 다는 경우가 가끔 있다. 그러나 그것은 극히 일부에 불과하다. 채권자의 98% 이상은 은행, 카드사, 대부업체 등 금융기관이다. 금융업은 본질적으로 투자이다. 돈을 빌려주는 행위에는 처음부터 손실의 가능성이 포함되어 있으며, 채권자들은 그것을 알고 빌려준 것이다. 그러니 회생이나 파산을 선택했다고 해서 죄인처럼 위축될 필요는 없다. 물론 떳떳하기는 어려울 수 있지만 이 제도는 당신을 위해 존재하고, 당신에게는 그럴 권리가 있다.

그렇다면 회생파산제도는 왜 생겼을까? 파산을 뜻하는 영어 단어인 '뱅크럽트(bankrupt)'의 어원을 거슬러 올라가면 이탈리아어가 나온다. 'banca'는 돈을 빌려주는 사람이 앉던 벤치나 탁자를 뜻한다. 'rupta'는 '부수다, 깨다'는 뜻이다. 돈을 갚지 못하는 상황이 되면 그 탁자를 내려쳐서 부숴 버렸다는 데에서 유래했다. 말 그대로 판이 깨진 것이다.

그렇다면 판이 깨지면 어떻게 되는가. 1929년 세계대공황이 그 사례이다. 주가는 폭락했고, 은행은 문을 닫았다. 하루아침에 전 재산을 잃은 사람들이 거리로 쏟아졌다. 당시 뉴욕 월가에서는 빌딩에서 뛰어내리는 사람이 하도 많아서, 사람들이 인도 대신 차도로 걸었다는 이야기까지 전해진다. 그것은 절망의 끝이었다.

그리고 그 절망 앞에서 사람들은 생각하기 시작했다. 이대로 둬도 되는가. 빚을 갚지 못하는 사람을 끝까지 추심하고, 재산을 빼앗고, 그래도 안 되면 평생 채무자로 살게 두면 어떻게 되는가. 사람은 직업을 포기하고, 가정을 포기하고, 삶 자체를 포기한다. 그러면 가정이 무너지고, 지역사회가 무너져서 결국 나라 전체가 흔들린다. 범죄는 늘어나고, 복지 비용은 커지고, 사회 전체의 부담이 눈덩이처럼 불어난다.

반대로 생각해 보자. 최소한의 생활을 가능하게 해준다면 어떻게 되는가. 사람은 삶을 포기하지 않고, 스스로 일어서려 한다. 일을 하고, 아이를 키우고, 세금을 낸다. 사회 전체로 보면 이것이 훨씬 유리한 계산이다.

도산제도는 채무자를 불쌍히 여겨서 만든 것이 아니다. 사회가 더 효율적으로 작동하기 위해 선택한 구조이다.

3년 동안 외식을 한 번도 하지 못했다는 의뢰인의 말이 잊혀지지 않는다. 외식이 흔한 세상임에도 불구하고 이분은 회생하는 기간 동안 가족들과 한 번도 외식을 하지 못했다고 한다. 면책을 받고 나서 몇 년 만에 처음으로 가족들과 밥 한 끼를 제대로 먹었다고 하신 그 말이 내내 생각난다.

자, 이제 정답을 밝힐 때가 왔다. 정답은 ⑤번이다.

회생·파산제도가 만들어진 이유는 채무자에 대한 도의적 배려도 아니고, 법원의 역할 확대도 아니다. 채무자의 경제능력을 회복시키는 것이 사회 전체에 더 유리하다는, 지극히 현실적인 판단이 이 제도를 만들었다. 빚을 탕감해 주는 것은 자선이 아니라 사회가 선택한 가장 합리적인 해법이다.

7 —————— **도산법은 사회가 만든
부드러운 손이다**

상담실을 찾는 의뢰인들 중 다수는 이 제도를 '추락의 통로'로 오해한다. 기록이 남고, 낙인이 찍히며, 사회적 평가가 나빠질 것이라는 두려움이 앞선다. 회생이나 파산을 신청하는 순간에 인생이 끝나는 것이 아니냐고 묻는 사람도 있다. 그 두려움은 이해하지만 오해는 바로잡아야 한다.

도산법은 처벌을 목적으로 만들어진 제도가 아니다. 이 일을 오래 하다 보니, 도산법은 법률 조항의 집합이라기보다 사회가 개인에게 마련해 둔 회복의 장치에 가깝다는 생각을 하게 된다. 책임을 묻는 질문보다 다시 설 수 있는 가능성을 먼저 전제하는 법이다. 이 제도의 출발점은 인간은 실패할 수 있다는 사실이다. 누구나 예측하지 못한 변수를 만날 수 있고, 계산이 어긋나는 순간을 겪을 수 있으며, 한 번쯤은 감당할 수 있는 범위를 넘어서는 상황에 놓일 수 있다는 것이다. 도산법은 이러한 현실을 외면하지 않는다. 그래서 이 법의 목적은 낙인이 아니라 복귀이다. 실패를 이유로 배제하는 것이 아니라, 다시 사회의 구성원으로 돌아올 수 있도록 통로를 남겨 두는 데 있다.

이 제도의 의미를 알지 못하면 사람들은 스스로를 제도 밖으로 밀어낸다. 빚을 졌다는 사실 하나로 숨어 버리고, 버티다 한계에 이르며, 결국 사회와 단절된다. 그래서 도산법은 넘어졌을 때 손을 내밀기 위해 존재하는 법이다. 많은 사람이 그 손의 존재 자체를 모르거나 너무 늦게 알아차린다는 것이 안타까울 뿐이다.

도산법이 없는 사회를 상상해 보면 이 제도의 필요성은 더욱 분명해진다. 채무를 갚지 못했다는 이유로 사적 제재가 난무하고, 폭력적 추심이 일상이 될 것이다. 법이 개입할 여지가 사라진 자리에 힘의 논리가 들어서고, 계약은 의미를 잃으며, 신뢰는 붕괴된다. 게다가 경제적 실패를 흡수하지 못하는 사회는 연쇄적으로 무너진다. 일을 할 수 없는 사람이 늘어나고, 그 여파는 개인의 문제가 아닌 사회 전체의 부담으로 확산된다. 도산법은 일종의 사회적 보험이다. 화재보험이 화재를 장려하지 않듯이 도산법도 무책임한 실패를 부추기지는 않는다. 오히려 책임 있는 재기를 가능하게 만드는 장치이다. 보험이 그렇듯이 도산도 모든 사람이 반드시 사용해야 할 제도는 아니다. 그러나 누구에게나 필요할 수 있다는 전제 위에 존재한다.

자본주의는 성공만을 전제로 움직이지 않는다. 실패 역시 구조 안에 포함된 시스템이며, 실패 이후의 경로 또한 제도 속에 존재해야 한다. 한 번의 실패로 모든 것이 끝나는 구조라면 그 게임은 오래 지속될 수 없다. 도산법은 그 경로를 제공하는 법이다. 개인을 보호하는 동시에 시장의 신뢰를 유지하는 장치이며, 무너진 사람을 살리면서 사회의 질서를 지키는 법이다.

절차를 마친 의뢰인들이 하는 말은 놀랍도록 비슷하다. "이게 이렇게 되는 거였어요?" 이 말의 의미는 컴컴한 입구인 줄 알았는데 밝은 출구였다는 뜻일 것이다. 조금만 더 일찍 알았더라면 좋았을 것이라는 말도 뒤따른다. 그 말을 들을 때마다 이 제도가 더 많은 사람에게 닿아야 한다는 생각을 하게 된다.

누구나 넘어질 수 있다. 그러나 그 자리에서 삶이 끝나도록 가만히 내버려 두지는 않겠다는 것, 그것이 사회의 선택이다. 나는 도산법을 인간이 언제든 무너질 수 있다는 사실을 전제로 설계된 가장 인간적인 법이라고 생각한다. 실패를 수치심으로 남기지 않고, 다시 살아갈 수 있는 가능성을 사회가 공식적으로 받아들인 결과물이기 때문이다.

8 ───── **법원에서는 파산자를
어떻게 바라볼까?**

내가 운영하는 커뮤니티에 이런 글이 올라온 적이 있다.

"저에게도 회생이란 기회가 올까요. 모든 분들에게 저는 도박중독자로 비춰질 거예요. 누구보다 열심히 일했지만 도박이란 늪에 빠져서 빚이 점점 쌓여만 갔네요. 그냥 바보입니다."

이분은 스스로를 자책하는 것을 넘어서 나에게까지 죄송하다는 말을 거듭하였다. 물론 나한테 죄송할 이유는 전혀 없으니 그를 안심시키고 방향을 제시했다. 그러고 나니 또 걱정을 한다. 바로 심판자인 법원에서 자신을 어떻게 볼 것인가 하는 것이다.

채무자들은 연체, 추심, 생활비 마련 등 온통 걱정거리로 지쳐 있다. 위축되어 있고 자연히 남의 눈치도 더 보게 된다.

회생이나 파산절차에 돌입할 때 가장 부담스러운 걱정거리는 바로 법원을 가야 한다는 것이다. 일반인들에게 법원은 낯설고 무서운 곳이다. 그런 곳을 빚진 입장에서 가야 한다니, 안 그래도 많은 걱정이 더 늘어난다.

채무자는 빚을 갚지 못한 사람이고, 법원은 법을 집행하는 곳이다. 그렇다면 법원은 채무자를 죄인처럼 다루지 않을까. 많은 의뢰인들이 "판사님이 저를 어떻게 보실까요?"라고 물어온다.

서울회생법원 홈페이지에는 이런 문구가 있다.

"성실하지만 불운한 채무자에게 채무를 면제시킴으로써 채무자의 경제적 재출발을 도모한다."

법원이 스스로 내건 말이다. 심판을 하겠다는 것이 아니라, 재출발을 돕겠다는 말이다. 서울회생법원의 젊은 판사들의 인터뷰가 신문에 실린 적이 있다. 인터뷰 내용 중 한 판사는 민사·형사 재판정과 회생법정의 차이를 이렇게 설명했다.

"민·형사 담당 판사는 법에 비춰 옳고 그름을 따지는 재판을 한다. 그러나 회생법원은 옳고 그름을 판단하는 곳이 아니라, 도산 위기의 채무자가 와서 재기를 꾀하는 곳이다."

도덕적 해이를 걱정하는 목소리에 대해서는 이렇게 답했다.

"부작용을 염려해 순기능이 큰 제도 자체를 배척하는 것은 적절하지 않다. 경제활동을 하는 사람은 누구든지 실패할 수 있다. 실패한 사람을 매장하거나 격리할 게 아니라, 다시 경제활동을 할 수 있게끔 기회를 주는 것이 필요하다. 그 역할을 하는 것이 도산제도이다."

2025년 수원회생법원장으로 취임하셨던 김상규 법원장님도 같은 취지로 말씀하셨다.

"회생절차는 잘잘못을 따지는 것이 아니라, 채무자가 정상적인 경제 주체로 조속히 복귀하도록 돕는 제도입니다. 절차가 지체되면 채무자와 가족의 삶의 질이 급격히 떨어집니다."

수원회생법원은 개원 초기 '가장 까다로운 법원'으로 불렸다. 기존의 법원 문화가 옳고 그름을 가리는 방식에 익숙했기 때문이다. 그런데 2년 만에 전국에서 가장 신속한 법원으로 바뀌었다. 법인회생 처리 기간이 64일에서 24일로, 개인파산 선고는 195일에서 61일로 줄었다. 채무자 친화적 시스템을 향해서 법원이 스스로 변한 것이다.

회생변호사로서 말하자면, 이런 인식은 너무도 반갑다. 한때는 채권자 손실이 크다는 이유로 변제율을 올리라는 보정이 법원에서 내려오기도 했다. 이미 허리띠를 최대한 졸라맨 채무자에게 더 내놓으라는 것이다. 그때마다 솔직히 답답했지만 지금은 다르다.

이제는 유명 작가가 된 문유석 님은 파산부 판사로 근무하던 시절에 이런 말을 남기셨다.

"계약은 지켜야 하고 채무는 갚아야 한다고 생각했다. 그러나 파산부에서 말로 다 할 수 없을 만큼 어려운 처지의 채무자들을 보고 나니 모럴 해저드(moral hazard)를 논할 상황이 아니라는 것을 알게 되었고, 이 제도는 사회를 유지하기 위해 꼭 필요한 것이며, 한 사람을, 한 가정을, 한 아이를 살리는 일이다."

회생법정의 풍경도 일반 법정과는 사뭇 다르다. 일반 법정에서는 대립하는 당사자가 한날한시에 출석해서 서로 으르렁거린다. 낯선 공간에서 불편한 사람과 마주치니 재판을 다녀오면 몸살도 나고 홧병도 난다. 하지만 회생법정은 다르다. 심문은 당사자만 출석해서 진행된다. 채권자집회라는 것이 열리지만, 걱정하지 않아도 좋다. 채권자의 의견을 듣는 절차라서 채권자의 출석은 보장되지만, 현실에서 채권자가 출석하는 일은 거의 일어나지 않는다. 채권자 없는 채권자집회가 존재하는 것이다.

그러니 당신이 회생법정에 서는 것을 두려워할 필요는 없다. 회생법원은 당신을 심판하러 기다리는 곳이 아니다. 도산제도를 담당하는 판사들과 전문가들은 당신이 다시 일어설 수 있도록 돕는 사람들이다.

❖ ❖ ❖

9 ————— **빛보다 재산이 더 많아도,
회생이 가능합니다**

재산이 있으면 개인회생이나 파산이 불가능하다고 오해하는 사람이 많다. 빚보다 재산이 많다면 그 재산을 처분해 채무를 해결하면 된다고 생각하기 때문이다. 겉으로 보면 매우 합리적인 판단처럼 보이고, 원칙만 놓고 보면 틀린 말은 아니다. 재산이 충분하다면 굳이 회생이나 파산을 선택할 이유가 없기 때문이다.

그러나 현실은 그렇게 단순하지 않다. 문제는 재산의 규모가 아니라, 그 재산이 실제로 채무를 해결할 수 있는 상태인가에 있다. 수치상으로는 재산이 더 많아 보이지만, 그 재산이 당장 현금화되지 않는 경우가 적지 않다. 특히 부동산 시장이 침체된 상황에서는 이러한 문제가 더욱 분명하게 드러난다. 상가나 지식산업센터, 지방의 부동산은 물론이고 일부 아파트조차 매수자를 찾지 못해 오랫동안 거래가 이루어지지 않는 경우가 많다. 가격을 낮춰도 팔리지 않고, 시간을 들여도 상황이 개선될 기미가 보이지 않는다.

그 사이에서 금융비용은 계속 발생하고, 생활비 부담은 줄어들지 않는다. 이러한 상황에 놓인 사람들은 겉으로 보기에는 일정한 자산을 보유한 상태로 보일 수 있으나 실제로는 현금 흐름이 막힌 상태에 가깝다. 자산은 존재하지만, 그 자산으로 현재의 채무를 감당할 수 없는 상태에 놓이게 되는 것이다.

법에서는 이러한 상태를 '지급불능'이라고 본다. 이는 단순히 채무를 갚지 않는 것이 아니라, 갚을 수 없는 상태를 의미한다. 개인회생과 파산에서 중요한 기준은 바로 이 지점이다. 재산의 절대적인 규모가 아니라, 현재 채무를 감당할 수 있는 능력이 있는지의 여부가 판단의 기준이 된다. 따라서 수치상으로 재산이 더 많더라도, 그 재산을 통해 현실적으로 채무를 해결할 수 없는 상태라면 회생이나 파산을 신청할 수 있는 요건을 충족한다. 물론 재산의 실제 가치, 처분 가능성 그리고 현재 상태가 지급불능에 해당하는지 여부를 구체적으로 소명해야 하기 때문에 이러한 절차는 단순하지 않다. 따라서 관련 경험과 이해를 갖춘 전문가의 도움이 필요한 경우가 많다.

그럼에도 불구하고 중요한 것은, 가능성이 존재한다는 사실이다. 문제는 이러한 상황에 놓여 있으면서도 '재산이 있으니 회생이 불가능하다'고 단정하고 아무런 조치를 취하지 않는 경우이다.

재산이 언젠가는 처분될 것이라는 기대나 시간이 지나면 상황이 나아질 것이라는 희망 속에서 시간을 보내게 된다. 그러나 그 사이에 이자는 계속 쌓이고, 부담은 점점 커진다. 버티는 것이 해결이 되는 경우도 있지만, 버틴다고 해서 상황이 개선될 가능성이 없다면 그 시간은 회복이 아니라 소모에 가깝다.

결국 중요한 것은 현재 상황에 대한 냉정한 판단이다. 재산의 존재 여부가 아니라, 그 재산이 실제로 문제를 해결할 수 있는지의 여부를 기준으로 판단해야 한다. 재산이 있다는 이유만으로 회생을 포기할 필요는 없다. 오히려 그 재산이 움직이지 않는 상태라면, 그 자체가 문제의 원인이 될 수 있다.

회생과 파산은 아무것도 없는 사람만을 위한 제도가 아니다. 갚고 싶지만 현실적으로 감당할 수 없는 상태에 놓인 사람을 위한 제도이다. 따라서 때로는 재산이 있음에도 불구하고 회생을 선택하는 것이 더 현실적인 해결이 될 수 있다. 중요한 것은 숫자가 아니라, 지금의 삶을 지속할 수 있는지의 여부이다.

이 기준은 소득에도 동일하게 적용된다. 소득이 높으면 채무를 스스로 감당해야 한다고 생각하는 경우가 많다. 일정 수준 이상의 수입이 있다면 군이 회생을 선택할 필요가 없다고 판단하기 때문이다. 그래서 고소득자의 경우에는 개인회생보다 워크아웃과 같은 제도를 먼저 떠올리기도 한다. 그러나 소득 역시 단순한 크기만으로 판단할 수 있는 요소는 아니다.

월 소득이 600만 원을 넘는 경우라도 실제로는 버티기 어려운 구조에 놓이는 사례가 적지 않다. 특히 고정 지출이 큰 경우에는 소득이 증가할수록 부담 역시 함께 커지는 경우가 있다. 이혼 이후 자녀의 양육비를 지속적으로 부담해야 하거나, 생활비와 기타 지출이 일정 수준 이상으로 고정되어 있는 경우라면 남는 금액은 제한적일 수밖에 없다.

이러한 상황에서는 소득이 높다는 사실이 곧바로 상환 능력으로 이어지지는 않는다. 오히려 높은 소득을 기준으로 변제금이 책정되면서 부담이 과도하게 설정되는 경우도 발생한다. 그 결과 버티기 어려운 구조가 만들어지고, 절차를 끝까지 이어가지 못하는 상황으로 이어질 수도 있다.

최근에는 이러한 문제를 반영하여 실제 지출 구조를 고려하는 방향으로 판단 기준이 변화하고 있다. 생활을 유지하기 위해 지속적으로 발생하는 비용이 충분히 소명될 경우에는 이를 반영하여 변제금을 조정하는 사례가 늘고 있다. 특히 양육비와 같은 지출은 중요한 요소로 작용한다.

같은 소득 수준에서도 어떤 지출 구조를 가지고 있는지에 따라 결과는 크게 달라질 수 있다. 실제로 기존 기준대로라면 상당한 금액을 상환해야 했던 사례에서도, 현실적인 지출을 반영하여 변제금이 크게 낮아지고 전체 채무 역시 일부만 상환하는 방식으로 조정된 경우가 있다.

　이처럼 재산과 소득은 판단의 출발점이 될 수는 있지만 결론을 결정짓는 기준이 될 수는 없다. 숫자는 상황을 설명하는 하나의 요소일 뿐, 그 자체로 해결 가능성을 의미하지는 않기 때문이다.
　결국 중요한 것은 구조이다. 현재의 조건으로 채무를 감당할 수 있는 구조인지, 아니면 시간이 지날수록 더 악화되는 구조인지에 대한 판단이 우선되어야 한다.
　재산이 많다는 이유로, 또는 소득이 높다는 이유로 선택지를 스스로 제한할 필요는 없다. 중요한 것은 지금의 상태가 지속 가능한지에 대한 판단이다. 그 판단이 바뀌는 순간, 선택의 방향 역시 달라질 수 있다.

《이반 데니소비치의 하루》와 귀리죽 한 그릇

러시아의 문호 솔제니친이 쓴 《이반 데니소비치의 하루》라는 소설을 아시나요? 이 책은 소련의 악명 높은 강제노동 수용소 '굴라크'에서의 하루를 묘사한 책입니다. 제2차 세계대전 당시 포병장교로 근무했던 솔제니친은 1945년부터 무려 8년 동안 굴라크에 수용되어 처참한 생활을 해야 했습니다. 수용소를 나온 후 이 같은 경험을 토대로 써 내려간 작품이 바로 《이반 데니소비치의 하루》입니다.

소설 속 인물들은 영하 40도 이하로 내려가는 시베리아 한복판에서 딱딱해서 씹기도 힘든 흑빵과 멀건 죽으로 매 끼니를 때웠습니다. 배급으로 나오는 차는 곰팡이가 피어 먹을 수조차 없었습니다. 하지만 그나마도 더 얻기 위해 취사원들에게 온갖 아부를 떠는 등 살기 위해 안간힘을 쓰는 모습이 나옵니다. 굴라크에서는 가끔씩 보리죽이 아닌 귀리죽을 나눠 줄 때가 있었는데, 나름 별식 대우를 받았습니다.

이 귀리죽의 정체가 바로 우리가 아는 '오트밀'입니다. 식이섬유가 풍부하고 식감이 뛰어난 오트밀은 서구에서 일찌감치 아침식사로 즐겨 먹었던 음식입니다. 고혈압과 당뇨에 효과적이고, 심장병을 예방할 수 있는 건강식품으로 사랑받고 있습니다. 보통은 요거트와 우유를 섞거나 따로 조리를 해서 풍미를 더한 다음 섭취합니다.

귀리죽을 한 번도 먹어 본 적은 없었지만,《이반 데니소비치의 하루》를 읽고 맛보고 싶은 생각이 들어서 어느 날 오트밀을 한 봉지 주문했습니다. 그리고 뜨거운 물만 부어 '굴라크 스타일'로 멀건 죽을 만들어 먹어 보았습니다. 첫 맛은 아무 맛이 없다시피 슴슴했지만 천천히 씹으며 음미하니 단맛이 살짝 돌았습니다. 위에도 전혀 부담이 없는 '담백, 깔끔' 그 자체였습니다. 단점이라고 하면 금세 허기가 진다는 것이었습니다. 저는 책상에 앉아 있는 시간이 많은 처지라 괜찮다고 하지만, 대체 이것만 먹으면서 어떻게 그 추위와 중노동을 버텼는지 참으로 놀랄 일입니다.

사실 제가 귀리죽 이야기를 꺼낸 이유는 따로 있습니다. 이 소설에는 다양한 인간군상이 나옵니다. 대부분 힘든 현실 속에서 한없이 위축된 상태로 묘사되지만, 몇몇 사람은 그렇지 않았습니다. 강직한 태도를 유지하면서 음식을 탐내지 않는 이름 없는 장기수와 주변 사람들을 따뜻하게 챙기는 종교인 청년이 그렇습니다. 장기수는 형편없는 귀리죽 앞에서도 자세를 흐트러뜨리지 않았습니다. 헝겊을 식탁보처럼 깔고 그 위에 그릇을 올려 천천히 먹었습니다. 그리고 더 달라는 말도 하지 않았습니다.

회생 파산 절차를 밟는 분들은 인생에서 가장 어렵고 힘든 구간을 통과하고 있습니다. 홀로 이 소설 속 '굴라크'에 내던져진 기분이 들지도 모릅니다. 하지만 그렇더라도 스스로 자책하거나 포기하면 안 됩니다. 누구나 실수를 저지르고, 가끔은 수렁에 빠집니다. 살면서 한 번도 실패하지 않는 사람은 없습니다.

중요한 것은 '다시 일어서는 마음'입니다. 회생절차는 새 힘을 얻고, 다시 회복하기 위한 과정입니다. 저는 독자들께서 이 회생·파산절차를 통해 단순히 법정인 회복뿐만 아니라, 정신적으로나 신체적으로도 건강을 되찾기를 간절히 바랍니다. 솔제니친이 '수용소 생활'이라는 혹독하고 어두운 터널을 버텨 낸 다음 '러시아의 양심'이라는 영예스러운 칭호를 얻었듯이 여러분들도 조금만 용기를 내어 참고 견디면 다시 봄이 찾아오지 않을까요.

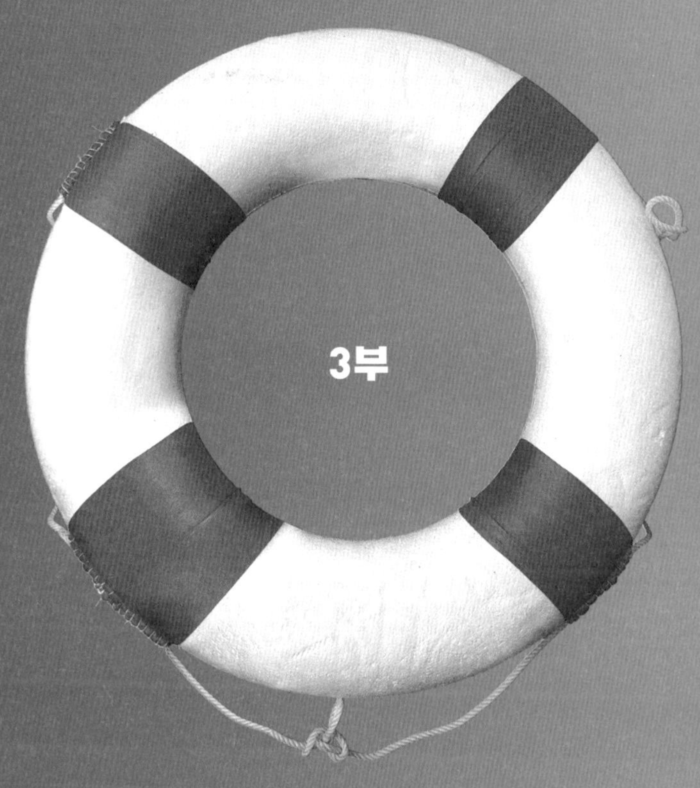

돈 앞에서
무너지는 사람들

1 ——— 무너지는 사람들의 공통점

파산에 이르는 사람들의 배경은 제각각이다. 직업도 다르고, 소득도 다르고, 빚의 규모도 다르다. 그런데 상담을 반복하다 보면 놀라울 정도로 유사 지점이 보인다. 전문직이거나 큰 기업을 운영하던 대표라고 해서 무너지지 않는 것은 아니다. 오히려 높은 위치에 있을수록 추락의 속도는 더 빠르고, 충격은 더 깊다.

개인파산 의뢰인들에게는 공통된 경향이 있다. 수입이 적어서 무너진 것이 아니라, 수입을 관리하는 구조가 없어서 무너진 경우가 대부분이다. 돈이 들어오면 쓰고, 부족하면 빌리는 패턴이 반복되다가 어느 순간 임계점을 넘는다.

월급이 300만 원이든 500만 원이든 수입이 늘면 지출도 함께 늘 뿐 결과는 크게 다르지 않다. 이들에게 부족한 것은 돈이 아니라 통제력이다. 자신의 소비를 관찰하고, 기록하고, 조절하는 능력이 없으면 아무리 많은 돈이 들어와도 결국 같은 지점으로 돌아간다. 그래서 단순히 빚을 탕감해 주는 것만으로는 충분하지 않다.

면책 이후 다시 같은 패턴으로 돌아가는 사람들을 많이 봤다. 결국 회복 가능성을 가르는 기준은 '성취 경험'이다. 아주 작은 것이라도 스스로 계획하고, 실행하고, 완수해 본 경험이 있는 사람은 재정 문제에서도 회복 가능성이 크다. 자기 통제가 가능하다는 사실을 이미 한 번쯤은 증명한 사람이기 때문이다.

법인회생은 또 다른 신호를 보여 준다. 이 대표자가 다시 재기할 수 있을지 없을지는 의외로 짧은 시간 안에 가늠된다. 회복 가능성이 큰 사람은 안광이 밝고, 말의 흐름이 분명하며, 태도에서 아직 포기하지 않았다는 에너지가 전해진다. 반대의 경우는 눈빛과 말이 흐리고, 기백이 보이지 않는다.

사람들의 눈은 비슷하기 때문에 내가 본 것을 다른 이들도 본다. 사업, 운, 성취도 결국 사람과 사람 사이에서 만들어진다. 기술이나 자본보다 중요한 것은 이 사람이 다시 일어서려는 의지와 체력을 보존하고 있느냐이다. 그것이 없으면 아무리 좋은 조건으로 회생 절차를 밟더라도 결국 실패하고 만다. 회생계획안을 검토할 때 숫자보다도 사람이 먼저 보이는 이유이다.

이 사람이 앞으로 3년, 5년, 10년 이상을 버틸 수 있을 것인지, 다시 직원을 이끌고 거래처와 관계를 회복할 수 있을지 그 판단이 서지 않으면 아무리 숫자가 좋아도 의미가 없다. 회생은 기회지만, 그 기회를 살릴 수 있는 사람과 그렇지 못한 사람이 분명히 나뉜다.

내가 할 수 있는 일은 법적 절차를 진행하는 것까지이다. 에너지까지 대신 만들어 줄 수는 없다. 에너지는 그 사람 안에 이미 존재하거나 그렇지 않을 수도 있다. 결국 개인이든 법인이든 회복 가능성을 결정하는 것은 외부조건이 아니다. 법은 시간을 벌어 주고 절차를 정리해 줄 수 있지만, 그 사람 안의 구조와 태도까지는 바꿔 주지 못한다.

무너지는 사람들에게는 또 하나의 공통점이 있다. 문제를 혼자 떠안으려는 태도이다. 외부에 도움을 요청하기보다 스스로 해결하려 하고, 그 과정에서 판단은 점점 좁아진다. 혼자 해결해야 한다는 생각이 강할수록 선택지는 점점 줄어들고, 결국 가장 위험한 선택만 남는다.

아마 빚을 말하지 못하게 만드는 가장 큰 요인은 '부끄러움'일 것이다. 이 감정은 사람을 침묵하게 만들고, 고립을 만든다. 고립된 상태에서는 잘못된 판단을 검증할 방법이 없다. 더 높은 이자의 대출이나 불법 사채, 무리한 투자와 같은 선택들은 대부분 고립 상태에서 이루어진다.

하지만 문제가 발생했을 때 구조요청은 패배의 시인이 아니라 전략이다. 문제를 공표하는 순간부터 선택지는 늘어난다.

가족과 소통하면 가족이 도울 방법을 찾게 되고, 전문가에게 상담하면 법적 절차가 보인다. 친구에게 털어놓으면 최소한 혼자는 아니다.

견디는 동안 문제는 더 커지고, 선택지는 좁아진다. 그 시간이 길어질수록 회복은 어려워진다.

2 ———————

절망은
소리 없이 쌓인다

절망의 해부학

삶이 무너질 때 사람들은 어떤 경고음을 기대하지만, 실제로는 그렇지 않다. 연체는 갑작스럽지 않고, 채무는 한 번에 폭증하지 않는다. 문제는 대부분 일상에 섞여 들어온다는 것이다. 그래서 많은 채무자들이 자신이 이미 위험 구간에 진입했다는 사실조차 인지하지 못한 채 시간을 허비한다. 상담실 문을 두드리는 시기는 대부분 이미 신용불량 판정을 받은 뒤이거나 첫 연체가 시작된 때로, 거슬러 올라가면 문제는 이미 수개월 전부터 진행 중인 상태였다.

한 의뢰인은 대기업에 입사한 직후 신용카드 여러 장을 발급받았다. 재직 조건 덕분에 마이너스 통장도 어렵지 않게 개설했다. 사회 초년기에 주어진 신용은 안정의 증표처럼 느껴졌다. 그런데 그가 그 신용으로 맨 먼저 한 것은 친정의 빚을 정리한 일이었다. 생활을 확장하기 위한 선택이 아니라 책임을 다하기 위한 선택이었던 것이다. 문제는 두 가지였다. 그 지출이 일회성이 아니었다는 것, 그리고 배우자 몰래 이루어졌다는 것이었다. 그는 출산을 계기로 퇴사했고, 이후 중소기업으로 자리를 옮겼다. 소득은 줄었지만 지출의 방향은 바뀌지 않았다.

월급의 일부가 계속 친정의 생활비로 들어갔다. 숨겨진 상환은 고정 지출처럼 굳어졌다. 이때부터 채무는 '위험'이 아니라 '조정의 대상'이 되었다. 카드 결제일을 넘기고, 한도를 옮기고, 카드론과 현금서비스로 메우는 방식이 반복됐다. 돌려막기는 극단적인 선택이 아니라 일상의 관리 방식처럼 자리 잡았다. 둘째 임신과 함께 일을 그만두면서 겉으로는 잠시 안정된 것처럼 보였다. 그러나 친정 가족의 갑작스러운 사고에 균열이 생기기 시작했다.

예외처럼 보였던 사건들은 어느새 일상이 되었지만, 그것도 오래갈 수 없었다. 결정적인 위기는 카드사로부터 한도 축소 통보를 받은 뒤였다. 그때까지도 의뢰인은 자신의 상황을 '위기'로 인식하지 못했다. 다만 관리가 점점 어려워지고 있다고 느꼈을 뿐이었다. 이때 처음으로 모든 채무를 엑셀에 정리했다. 카드, 할부, 카드론, 현금서비스, 리볼빙을 항목별로 나열하며 비로소 구조가 드러났다. 매달 상환하고 있다고 믿었던 금액의 상당 부분이 원금

파산수업

이 아니라 이자였다. 버티고 있다고 생각했던 시간은 빚을 줄이는 시간이 아니라, 빚을 유지하기 위해 비용을 지불하는 시간이었다. 그나마 다행인 것은 그때라도 회생이라는 제도를 알아보았다는 점이다.

많은 채무자가 그러하듯 회생·파산제도는 그 제도의 존재를 알고 난 후에야 비로소 선택지가 된다. 그 존재를 모르는 동안에는 어떤 결정도 불가능하므로 사람들은 그 공백의 시간을 버틴다. 신용이 떨어질까 두려워 결단을 미루고, 카드를 쓰지 못하게 될까 봐 걱정하며 돌려막기를 반복한다. 그러나 아이러니하게도 그 과정에서 신용은 더 빠르게 소모되고 삶은 이자에 잠식된다.

절망의 두 가지 유형 - 급성 파산과 만성 파산

절망은 한 번에 오지 않는다. 대부분 아주 작은 불안에서 시작된다. 카드 한 장, 대출 한 건, 미뤄 둔 고지서 하나와 같이 작은 문제들이 해결되지 않은 채 쌓이면 점차 감정이 먼저 무너진다. 불안, 회피, 자기비난이 반복되면서 판단력은 급격히 떨어진다. 겉으로 보기에는 정상적으로 생활하지만, 내부에서는 이미 붕괴가 진행되고 있다. 절망은 소리가 없어서 더 위험하다.

나는 채무자를 **급성 파산**과 **만성 파산**의 두 유형으로 분류하였다. 이 둘은 원인이나 진행 속도, 회복 가능성도 완전히 다르다.

급성 파산은 사업 부도, 보증 채무 발생, 의료비 폭증, 보이스피싱 피해처럼 명확한 사건이 촉발점이 되는 경우이다. 이들은 평균 3~6개월 이내에 법률상담을 받는다. 본인이 상황을 객관적으로 인식하고 있고, 문제도 가시적이다. 원인이 분명하고, 본인의 잘못이 아닌 경우가 많다. 그래서 역설적으로 회복 가능성이 크다.

가장 대표적인 급성 파산 사례가 보이스피싱 피해자이다. 이 일을 하면서 "회생 중에 적금을 들어도 되나요?"라는 질문을 몇 번 받았는데, 전부 보이스피싱 피해자였다. 불의의 사고가 없었다면 채무 초과 상태에 빠지지 않았을 사람들이다. 이들은 알뜰폰 개통, 금주, 금연으로 불필요한 지출을 줄이고, 변제금을 지불하고 남는 소액의 돈을 또 아껴서 저축한다. 원래 소비 습관이 잡혀 있던 사람들인 것이다. 다만 예상하지 못한 사건 때문에 일시적으로 무너졌을 뿐이다.

그러나 **만성 파산**은 다르다. 실질소득 감소, 생활비 증가, 소액 대출 반복, 신용카드 돌려막기가 2~3년에 걸쳐 진행되는 경우이다. 이들은 평균 18개월 이상 문제를 방치한 뒤에 상담을 받는다.

문제가 비가시적이고, 본인조차 '아직 괜찮다'라고 착각하기 때문에 급성 파산에 비해 훨씬 위험하다. 만성 파산의 가장 큰 문제는 지출을 줄이지 못하고 추가 대출을 받거나, 수입 대비 과도한 지출을 유지하면서 변제금을 미납하는 습관이다. 급성 파산자들이 변제금을 내고 남은 돈으로 저축을 하는 반면, 만성 파산자들은 돈이 생기면 모두 써 버린다. 저축의 관념이 없다는 것이 핵심적인 차이라고 할 수 있다.

소비는 습관이고, 이 습관은 교육과 환경의 산물이기 때문에 어릴 때 잡지 못하면 커서 고치기는 더 어렵다. 급성 파산은 법적 절차만 제대로 밟으면 회복 가능성이 크다. 그러나 만성 파산은 법적 절차와 함께 습관 교정이 반드시 병행되어야 한다. 습관이 바뀌지 않으면 면책을 받아도 다시 같은 길을 걸을 수밖에 없다.

당신이 지금 어떤 유형에 가까운지 스스로 판단할 수 있어야 한다. 갑작스러운 사건으로 무너진 것인가, 아니면 서서히 쌓여 온 습관으로 무너진 것인가. 이 질문에 대한 정직한 답이 필요하다.

3 ———————

마음이 먼저 무너지고,
돈이 따라 무너진다

재정 위기의 시작은 대부분 숫자가 아니라 심리에서 출발한다. 사람은 마음이 불안하면 합리적인 판단을 하기 어렵다. 단기적인 해결책에 집착하고, 그 대가로 장기적인 손해를 감수하며, 당장의 숨통을 트기 위해 미래를 저당 잡히는 선택을 반복하게 된다. 이 상태에서는 어떤 정보도 제대로 받아들이기 어렵다.

조언을 들어도 안심이 되기보다 불안이 더 커지고, 판단은 점점 감정에 휘둘린다. 그래서 나는 상담을 시작할 때 항상 마음 상태를 먼저 확인한다. 감정이 안정되지 않으면 어떤 계획도 실행되지 않기 때문이다. 회복은 돈을 다루기 전에 판단력을 회복하는 과정이다.

복권 당첨자가 망했다는 이야기를 많이 들어 봤을 것이다. 큰돈이 생기면 인생이 편해질 텐데, 대체 왜 복권에 당첨되기 이전보다 더 불행해졌을까. 복권 당첨은 돈을 주지만 돈을 다루는 능력까지 주지는 않는다. 갑자기 들어온 큰돈은 많은 사람에게 자유가 아니라 증폭장치가 된다. 원래 소비가 많은 사람은 더 크게 소비하고, 사람 관계에 약한 사람은 더 많은 요구와 압박에 흔들리며, 판단이 급한 사람은 더 큰 위험을 감수한다. 돈이 문제를 해결하기보다 기존의 습관과 약점을 더 또렷하게 드러내는 것이다. 결국 손에 남는 돈의 크기는 당첨금이 아니라, 내가 감당할 수 있는 그릇의 크기에 의해 결정된다.

이 원리는 회생과 파산의 현장에서도 그대로 반복된다. 빚의 규모가 크다고 반드시 실패하는 것도 아니고, 빚이 적다고 반드시 회복되는 것도 아니다. 회생의 성패를 가르는 것은 숫자가 아니라 구조이다. 즉 돈을 다루는 방식과 삶의 패턴이 바뀌었는가의 문제이다.

반대로 큰돈을 잃고도 다시 일어서는 사람들이 있다. 도널드 트럼프는 수십억 달러의 자산가였지만 사업 실패와 과도한 레버리지로 파산보호신청을 하며, 사실상 시장에서 퇴출당했다는 평가를 받았다. 그러나 불과 몇 년 만에 그 이상의 자산과 영향력을 회복했다. 이 과정에서 새로 생긴 돈보다 중요한 것은 그가 끝까지 잃지 않은 것들이었다. 자산은 줄어들었지만, 시장을 읽는 감각이나 협상력, 사람과 자원을 연결하는 능력, 실패에서 배우는 습관은 결코 사라지지 않았다. 자산이 사라졌더라도 회복할 수 있는 상태의 태도가 남아 있었던 것이다.

회생 절차에서도 마찬가지이다. 어떤 사람은 면책을 받아도 다시 무너지고, 어떤 사람은 같은 조건에서도 다시 일어선다. 그 차이는 회생 이후의 삶을 감당할 준비가 되어 있었는가에 달려 있다. 연체가 계속 쌓이는 상황에서 마음을 다독인다고 해결되지는 않는다. 채무 구조가 정리되고 예측 가능한 생활이 가능해질 때 사람은 비로소 판단력을 회복한다. 한 의뢰인이 "이제는 마음이 아니라, 삶에서 희망이 보입니다"라는 말을 했다. 희망이 감정에서 나오는 것이 아니라 현실에서 나올 수 있다는 것, 그 순간이 진정한 회복의 시작이다.

회생은 시험에 가깝다. 이전과 다른 방식으로 살아갈 준비가 되어 있는지를 묻는 시간이다. 회생의 목적은 부자가 되는 것이 아니라 다시 무너지지 않는 사람이 되는 것이다. 무너짐에는 법칙이 있고, 회복에는 기술이 있다.

❖❖❖

4 ——— 누구에게나 찾아오는 균열의 순간

재정 위기는 특정한 사람에게만 오는 일이 아니라 누구에게나 찾아 올 수 있다. 문제는 그 순간을 어떻게 인식하느냐에 있다. 위기를 신호로 받아들이는 사람과 개인의 실패로 받아들이는 사람의 결과는 전혀 다르다.

삶은 견고한 구조물이 아니라 비가 새고 균열이 생기는 건축물에 가깝다. 누구에게나 취약한 부분이 있고, 예상하지 못한 균열이 생길 수 있다. 사람의 무너짐은 갑작스럽다기보다 언제나 아주 조용한 균열에서 시작된다. 균열의 무서움은 크기가 아니라 누적에 있다. 벽은 한 번의 충격으로 깨지는 것이 아니라 아주 작은 균열들이 맞닿는 순간 무너진다. 그날 무너진 것 같지만 실제로는 몇 달 전, 아니 몇 년 전에 이미 균열이 시작된 것이다. 세상에서 가장 위험한 균열은 비가 새는 균열이 아니라, 사람이 모르는 균열이다.

흥미로운 사실은 강한 사람일수록 오히려 균열을 늦게 발견한다는 것이다. 가족을 지켜야 한다는 책임감으로 참고 버티고 스스로 해결하려 하고, 균열을 자신의 몸으로 막으려고 한다. 그런데 몸으로 막을 수 있는 한계는 항상 마음이 먼저 알아챘다. 일정한 시점이 되면 감정이 탈진하고, 경제는 막히며, 관계는 단절된다. 그리고 어느 날 균열은 더 이상 숨길 수 없는 모양으로 드러난다. 그것은 멈추라는 신호이고, 방향을 점검하라는 경고이다. 이 신호를 무시하면 붕괴로 이어지지만, 받아들이면 전환점이 된다.

재정의 균열도 다르지 않다. 빚을 이야기할 때 대부분의 사람은 가장 먼저 금액을 떠올리지만, 현장에서 수많은 사례를 마주하다 보면 빚의 본질은 금액이 아니라 전혀 다른 지점에 있다는 사실을 확인하게 된다. 빚의 진짜 정체는 얼마가 아니라 어떻게 움직이고 있는가, 다시 말해 속도와 흐름의 문제이다. 소득이 늘어나는 속도보다 부채가 증가하는 속도가 빠를 때 사람은 자신도 모르는 사이 위험 구간에 진입한다. 이 속도 차이를 인식하지 못하면 어느 순간부터는 아무리 애를 써도 따라잡을 수 없는 지점에 도달하고, 그때부터 회복은 점점 더 어려워진다.

"매출은 나쁘지 않았다, 카드 사용에는 문제가 없었다, 다만 고정비가 먼저 빠져나갔다"는 설명 등 현장에서 자주 듣는 말이 있다. 이 말들은 서로 다른 이야기처럼 들리지만 본질은 같다. 문제는 돈의 총량이 아니라 회수와 지출의 타이밍이 어긋났다는 사실이다. 법원도 채무 금액보다 먼저 흐름을 본다. 회생 절차의 핵심 판단 기준은 얼마를 빚졌는지가 아니다. 현금 흐름이 앞으로 회복 가능한 구조인지 여부로 판단을 한다. 단기 대출이나 고금리 금융 상품이 위험한 이유도 여기에 있다. 금액만 놓고 보면 감당할 수 있는 수준처럼 보이지만, 속도가 붙은 빚은 금액보다 훨씬 빠르게 삶을 잠식한다.

동일한 소득을 벌어도 어떤 사람은 자산을 만들고, 어떤 사람은 파산에 이른다. 이 차이는 능력이나 성실함에서 비롯되지 않는다. 돈은 가만히 쌓여 있지 않고 들어오는 순간부터 빠져나갈 길을 찾는다. 그렇기 때문에 돈 문제의 핵심은 더 많이 버는 데 있지 않고 새지 않도록 막는 데 있다. 소득이 늘어난다고 해서 문제가 자동으로 해결되는 경우는 거의 없다. 소득이 늘어나는 만큼 소비도 함께 늘어나기 때문이다. 의식하지 않아도 빠져나가는 지출을 정리하지 않으면 얼마를 벌든 결과는 달라지지 않는다.

10만 원을 남길 수 있어야 100만 원도 남길 수 있다. 단돈 만 원조차 남기지 못하는 구조라면, 소득이 아무리 늘어나도 상황은 반복될 뿐이다. 문제는 의지의 부족이 아니라 구조의 부재이다.

카드 돌려막기가 시작되었거나 연체가 임박했다는 신호를 받고 있다면, 이미 구조는 한계에 도달한 상태이다. 이 단계에서 필요한 것은 인내가 아니라 전환이다. 회생과 파산은 실패가 아니고 삶을 포기하는 선택도 아니다. 잘못된 흐름을 멈추고 삶을 다시 설계하기 위한 선택에 가깝다. 소비 구조를 바꾸면 3년 뒤의 삶은 완전히 달라질 수 있다. 돈은 버는 것보다 쓰지 않는 것이 더 중요하다는 이 단순한 원칙을 이해하고 구조를 바꾸는 순간, 빚은 더 이상 인생을 지배하지 못할 것이다.

5 ——————

신용점수 1,000점이
하루아침에 파산하는 이유

어느 날 검찰이라고 하고, 금융감독원이라고 하는 전화가 온다. 당신 명의의 계좌가 범죄에 연루되었다며, 지금 당장 자산을 다른 곳으로 이동시키지 않으면 전 재산이 동결된다고 한다. 목소리는 단호하고, 서류는 그럴싸하고, 번호는 공식기관처럼 보인다. 그렇게 보이스피싱이 시작된다.

평생 성실하게 살아온 사람이 흔들린다. 당황한 나머지 시키는 대로 통장을 열고, 돈을 보내고, 심지어 대출까지 받아 송금한다. 그리고 전화가 끊기면 돈도 끊긴다. 그제야 속았다는 것을 깨닫게 된다.

이렇게 피해자가 채무자가 되는 것이 보이스피싱의 잔인함이다. 신용점수 1,000점 만점의 우량인이 하루아침에 수천만 원, 때로는 억 단위의 빚을 지게 된다. 금융기관은 보이스피싱 피해를 당했다고 해서 채무를 면해 주지 않는다. 범죄 피해를 당한 것과 돈을 갚아야 하는 것은 별개의 문제로 본다. 연체가 시작되면 곧바로 법적 절차가 이어진다. 법적으로는 타당할 수 있으나 그 앞에 선 사람에게는 이중, 삼중의 부담으로 작용한다. 범죄의 피해자이면서 동시에 채무자가 되어야 한다는 현실은 당사자가 아니라면 쉽게 상상하기 어려운 무게를 지닌다.

내가 만난 20대 김 모 씨도 그랬다. 사회 초년생에 열심히 살았고, 빚 한 번 진 적 없었으며, 신용점수는 흠잡을 데 없었다. 그런데 전화 한 통에 모든 것이 달라졌다. 대출을 받아서 송금을 했고, 그것으로 끝이었다.

그가 처음 사무실에 왔을 때 나를 쉽게 믿지 못했다. 보이스피싱 피해자들이 공통적으로 그렇듯이 사람을 쉽게 믿지 못한다. 전화상담으로 충분한 상황에서도 직접 찾아와 얼굴을 확인하고서야 비로소 마음을 놓는다. 목소리 하나에 인생이 흔들린 경험을 했기 때문에 어쩌면 당연한 일이다.

그는 억울함을 안고 변제의 시간을 버텼다. 20대였기에 가능했던 2년의 기간이었다. 원칙적으로는 더 긴 기간이 요구되지만, 나이와 사정을 고려해 조정된 결과였다. 변제의 시간 동안 그는 가끔 자신의 상황을 커뮤니티에 기록으로 남겼다. 힘들다는 날도 있었고, 그래도 잘 버티자는 다짐을 적은 날도 있었다.

그리고 면책을 앞둔 어느 날 감사의 인사를 하고 싶다며 토요일에 사무실에 와도 되겠냐고 연락이 왔다. 사실 나는 주말에는 출근을 하지 않는다. 정확히 말하면 출근은 하되 전화를 받지 않고, 글을 쓰며 시간을 보낸다. 내방을 거절할 수도 있었지만 그의 청은 이상하게 거절할 수가 없었다. 그는 변제의 시간 동안의 마음과 각오로 면책을 받고 30대를 시작하겠다고 했다. 그때 그 담담하던 얼굴이 아직도 기억에 남는다.

그런데 보이스피싱 피해자들에게 개인회생을 허용해야 하느냐를 두고 논란이 있었다. 지방법원의 한 회생위원이 보정을 내린 적이 있는 데 취지는 이렇다. 개인회생제도는 채권자들의 희생하에 성실한 채무자의 경제적 갱생을 돕는 제도이지, 보이스피싱 사기 피해자를 구제하는 제도가 아니라는 것이었다.

나는 그 보정권고에 이렇게 답했다. "채무자회생법은 회생의 대상이 되는 채무의 발생 원인에 대해 아무런 제한을 두고 있지 않다. 법에는 과다한 낭비나 도박으로 생긴 채무조차 회생 신청을 막는 규정이 없다. 하물며 범죄의 피해자에게 책임을 물어 회생의 문을 닫는 것은 법의 문언에도, 취지에도 맞지 않는다." 다행히 이 의견은 받아들여졌고, 절차를 계속 진행할 수 있었다.

그렇다면 보이스피싱 피해자는 어떤 선택을 해야 할까. 이론적으로는 몇 가지 방법이 존재한다. 범죄 집단을 상대로 민·형사상 조치를 취하는 방법, 금융기관을 상대로 채무부존재 확인 소송을 제기하는 방법, 그리고 회생이나 파산을 통해 채무를 조정하는 방법이다. 그러나 현실에서 그 선택들은 동일한 무게를 가지지 않는다. 범죄 집단의 실체를 특정하기 어렵고, 특정한다고 하더라도 피해를 회수하기는 쉽지 않다. 소송을 위해 시간과 비용이 많이 들며, 결과를 장담할 수 없다. 최근 판례의 흐름을 보면, 금융기관이 일정 수준의 본인 확인 절차를 거쳤다면 책임을 인정받기 어려운 경우도 적지 않다.

문제는 이 과정에서 피해자가 또 한 번 선택의 기로에 놓인다는 것이다. 소송을 통해 해결할 수 있다는 말은 충분히 매력적으로 들린다. 이길 수 있다면 회생을 하지 않아도 된다는 선택지는 누구에게나 설득력 있게 다가온다. 이미 한 번 속은 상황에서 다시 희망을 제시받으면 흔들리는 것은 자연스러운 일이다. 그러나 그 선택이 또 다른 시간의 소모로 이어질 수 있다

소송은 길게는 수년이 걸린다. 그 사이 채무는 그대로 남아 있고, 압류와 추심의 압박은 계속된다. 그리고 결국 결과가 기대에 미치지 못할 경우에 그 부담은 온전히 채무자에게 돌아온다. 이미 지친 상태에서 다시 회생이나 파산을 고민해야 하는 상황에 놓이

게 되는 것이다. 실제로 이러한 과정을 거쳐 뒤늦게 사무실을 찾는 경우도 적지 않다. 처음의 피해만으로도 충분히 버거웠던 상황에서, 시간이 더해지며 삶은 더욱 피폐해진다.

보이스피싱 피해는 한 번으로 끝나지 않는다. 잘못된 선택이 이어지면 두 번째 피해로 이어질 수 있다. 그래서 중요한 것은 '가능한 방법'이 아니라, '지금 가장 현실적인 선택'이다. 회생과 파산은 마지막 수단이 아니라 더 큰 피해를 막기 위한 선택이 될 수 있다. 이미 무너진 구조를 정리하고, 더 이상 악화되지 않도록 방향을 바꾸는 과정이다. 그리고 그 선택만큼 중요한 것이 있다. 바로 누구와 함께 그 과정을 진행하느냐이다.

보이스피싱과 같은 사건은 단순한 채무 문제가 아니다. 법적 판단과 현실적인 대응이 동시에 요구되는 복합적인 문제이다. 소송을 선택할 것인지, 회생이나 파산을 진행할 것인지에 대한 판단역시 경험과 이해가 부족하다면 쉽게 방향을 잡지 못할 수 있다. 특히 이 분야에서는 '가능하다'는 말보다 '현실적으로 어떤 결과가 나오는가'를 설명하는 것이 더 중요하다. 겉으로 보기 좋은 선택이 아니라, 지금의 상황에서 가장 손실을 줄일 수 있는 방향을 제시할 수 있어야 한다.

충분한 경험을 갖춘 변호사일수록 절차의 한계와 예상되는 결과, 선택에 따른 위험까지 함께 설명한다. 반대로 단편적인 가능성만을 강조하거나 결과를 장담하는 방식은 또 다른 판단 오류로 이어질 수 있다. 이미 한 번 피해를 경험한 상황에서 잘못된 선택이 반복된다면 그 결과는 더욱 치명적일 수밖에 없다. 그래서 필요한 것은 단순한 법률서비스가 아니라, 상황을 정확히 이해하고 끝까지 함께할 수 있는 조력자이다.

보이스피싱 피해자를 바라보는 시선은 여전히 불편하다. 사람들은 왜 속았느냐고 묻고, 더 신중했어야 한다고 쉽게 말한다. 그러나 그 질문은 본질에서 벗어난다. 보이스피싱은 특정한 사람만을 노리는 것이 아니라 누구든 그 상황에 놓이면 흔들릴 수 있도록 정교하게 설계된 범죄이다.

이미 일어난 일을 두고 책임을 묻는 것은 쉽지만, 무너진 삶을 다시 세우는 것은 전혀 다른 문제이다. 피해자는 비난의 대상이 아니라 보호의 대상이고 법은 그 보호를 위해 존재한다. 따라서 중요한 것은 과거의 판단이 아니라 지금 어떤 선택을 하느냐이다.

◈◈◈

6 ——— 내 이름으로 진
남의 빚

'명의대여'. 속칭 바지사장.

거창한 말처럼 들리지만 시작은 대부분 소박하다. 가족이거나, 오랜 친구거나, 믿었던 사람이거나 아는 사람의 부탁이다. 잠깐 이름만 빌려주면 된다고 했다. 그렇게 사인을 한다. 그리고 그 사인이 인생을 바꾼다.

음악을 전공한 30대 여성이 사무실에 찾아왔다. 곱게 자란 사람이라는 게 한눈에 보였다. 시댁은 넉넉한 집이었고, 사업을 하는 남편을 만나 결혼하여 아이를 낳았다. 아이가 돌 즈음 됐을 때, 남편이 잠깐이면 된다고 명의를 빌려달라고 말했다. 세상물정을 모르는 그분은 남편이 하라는 대로 했다. 그 이후 남편은 사업 때문이라며 점점 외박이 잦아졌고, 외도를 하고 있다는 사실을 알게 되었다. 아이 때문에 한 번은 참았지만, 남편은 다시 같은 실수를 반복했다. 그리고 그 충격이 채 가시기도 전에 사는 집을 가압류한다는 우편물이 왔다. 알아보니 남편이 사업을 한답시고 아내의 명의로 수억 원의 빚을 만들어 놓은 것이었다. 결혼할 때 친정에서 마련해 준 그 집은 담보대출로 이미 깡통이 된 지 오래였다.

그녀는 상담 내내 울었다. 이혼하는 것도 모자라 남편이 떠넘긴 빚을 갚아야 한다는 것이 기가 막혔던 것이다. 이혼 과정은 서로 나눌 게 없었기 때문에 빠르게 끝났다. 정작 나눌 수 있는 것이라고는 빚뿐이었다. 소송을 해서 이 빚을 남편한테 넘길 수 없냐고 물었다. 억울한 마음은 이해하지만 현실은 달랐다.

명의대여로 생긴 채무를 실제 행위자에게 돌리는 소송은 생각보다 훨씬 어렵다. 경위가 어떠하든 사업자를 내어 준 것 자체는 본인의 행위이기 때문이다. 소송이라는 험난한 길을 가는 것보다 차라리 인정하고 회생이나 파산으로 빠르게 털어 내는 것이 여러모로 유리하다. 억울한 것은 역사의 뒤안길로 흘려 보내야 회복도 빠르다.

나는 파산을 제안했다. 싱글맘으로 당장 소득을 내기 어려운 상황인 데다가 채무의 발생 원인이 본인에게 있지 않다는 점을 충분히 피력할 수 있을 것이라고 판단했다.

그런데 그분의 친정 부모님이 찾아왔다. 여러 곳에 알아봤더니 다들 젊으니까 회생을 해야 한다고 했다는 것이다. 틀린 말은 아니었다. 근로능력만 놓고 보면 개인회생이 맞고, 대리인 입장에서도 그쪽이 일하기가 훨씬 편하다. 그러나 의뢰인을 진정으로 위하는 길은 아니었다.

빚이 발생한 전후 사정을 제대로 소명하면 파산이 가능하다고 친정 부모님을 설득했다. 회생을 하면 3년을 더 고생해야 한다고 어렵사리 설득한 후 법원에서 궁금해할 쟁점을 미리 대비하고 증빙을 갖춰 접수했다. 다행히 예상대로 파산선고가 났고, 면책까지 무사히 마쳤다.

명의대여는 써 보지도 못한 돈이 채무가 되어 돌아온다는 점에서 보이스피싱과 닮았다. 다른 점이 있다면, 보이스피싱은 범죄자에게 당한 것이고, 명의대여는 믿었던 사람에게 당한 것이라는 점이다. 그래서 어쩌면 명의대여는 더 잔인하게 남는다.

명의대여가 근절되지 않는 이유도 거기에 있다.

가족의 부탁을, 남편의 요청을, 오랜 친구의 간청을 거절하는 것은 쉽지 않다. 보증을 서지 말라는 말이 수십 년째 반복되면서 그나마 보증 문화가 줄었듯이 명의대여도 언젠가 그 길을 걸어야 한다.

물론 그 길은 아직 멀지만 말이다.

7 ——————   **대표자는
죽을 자격이 없다**

　법인회생 사건으로 대표자와 함께 차를 타고 법원으로 이동하는 지방 출장 중이었다. 조용히 달리던 차 안에서 대표자가 나에게 불쑥 물었다.

　"변호사님, 제가 지금 죽으면 어떻게 됩니까?"

　순간적으로 말문이 막혔다. 그 사람이 얼마나 벼랑 끝에 서 있는지를 말해 주는 질문이었다. 그런데 차 안에는 회계를 담당하는 대표자의 딸이 동승해 있었다. 자기 아버지가 "죽으면 어떻게 되나요?"라고 묻는 것을 옆에서 듣고 있던 그 딸의 심정이 어땠을까. 그 장면이 오래도록 머릿속에서 지워지지 않는다.

　법인회생을 하는 대표자들은 개인회생 채무자보다 더 힘들어하는 경우가 많다. 의외라고 생각할 수 있지만, 그만큼 어깨가 무겁다. 사업체는 단순한 돈벌이 수단이 아니다. 평생을 일군 업적이자 또 다른 자아이다. 직원들에 대한 책임과 거래처에 대한 책임, 가족에 대한 책임이 한꺼번에 어깨를 짓누른다. 그 무게가 때로는 사람을 극단으로 몰기도 한다.

어느 날, 법인을 운영하던 한 대표자가 스스로 목숨을 끊었다. 그에게는 이혼한 전처와 고등학교 3학년인 아들이 있었다. 대표자가 사망하자 법인 지분이 아들에게 상속되어 미성년자인 아들이 회사의 최대주주가 되었다. 어머니는 아들의 학업을 지키기 위해 특별대리인 선임을 신청했다. 그리고 아들을 대신해서 전 남편이 운영하던 법인의 파산과 개인채무 정리를 위한 상속재산파산을 신청해야 했다.

파산을 진행하려면 회사 자산목록을 정리해서 제출해야 하는데, 문제는 거기서 시작이었다. 회사 차가 어디 있는지, 자동차 키는 어디 있는지조차도 몰랐다. 눈에 보이는 물건도 모르는데, 눈으로 볼 수 없는 수치들은 어떻게 알 수 있겠는가. 하지만 어쩔 수 없이 회사 사정을 전혀 모르는 가족이 모든 것을 감당해야 했다.

이와 비슷한 이야기가 또 있다. 상담 자리에서 종종 듣는 말로, 고령의 채무자들은 이런 말을 하기도 한다.

"나 죽으면 자식이 해결하겠지. 상속을 포기하면 되는 거 아니야?"

물론 틀린 말은 아니다. 상속인이 채무를 상속받지 않는 방법으로 상속포기와 한정승인이라는 제도가 있다. 그런데 그것이 생각처럼 쉽게 되는 것이 아니다. 상속이 개시됐다는 사실을 인지한 날로부터 3개월 안에 신청해야 한다. 부모를 잃은 슬픔이 채 가시기도 전에 움직여야 한다. 정신없는 와중에 그 기간을 놓치기라도 하면 재앙에 가까운 일이 다가온다. 그리고 결정을 한다 해도 실행이 문제이다. 고인마저도 다 기억하지 못했을 채무관계를 앞뒤 사정을 전혀 모르는 자식이 짧은 기간 안에 정리해야 하는 것은 불가능한 일이다.

당사자는 죽어서 고통에서 벗어났을지 모르지만, 남겨진 사람들의 고통은 두 배, 세 배가 된다.

살아 있으면 어떻게든 다 된다. 대표는 짐을 내려놓을 자격이 있을지언정 죽을 자격은 없다.

8 —————— **주저앉은 사람들은
결코 약하지 않았다**

수많은 실패를 보았지만, 그 실패의 원인이 약함인 경우는 거의 없었다. 오히려 대부분은 너무 오래 버틴 사람들이었다. 사람들은 주저앉은 순간을 약함의 증거라고 생각한다. 쓰러졌다는 사실 하나만으로 그 사람의 모든 시간을 평가해 버린다. 하지만 내가 만난 사람들은 무너진 사람들이 아니라, 너무 오래 홀로 서 있었던 사람들이었다.

투자로 인생을 잃었다고 말했던 한 의뢰인이 있었다. 회생을 신청하기 전까지 매달 감당하기 어려운 금액의 이자를 내며 힘든 시간을 보내고 있었다. 불안과 압박은 결국 끊었던 술과 담배로 이어졌고, 몸과 마음은 동시에 무너져 갔다. 겉모습조차 돌볼 수 없을 만큼 삶은 망가져 있었다. 그는 큰 고민 끝에 회생을 선택했고, 기적처럼 개시 결정을 받았다. 그가 다시 일어설 수 있었던 이유는 단 하나였다. 사랑하는 가족에게 다시 좋은 모습으로 서고 싶다는 마음뿐이었다.

그는 오랫동안 혼자라고 믿고 있었지만, 사실 혼자가 아니었다. 회생 절차가 시작되자 부모님은 다른 가족들 몰래 의뢰인을 찾아왔다. 의뢰인은 처음으로 어머니에게 빚이 절반으로 줄어들어 이제 5,700만 원이며, 딱 3년만 고생하면 된다고 말씀드렸다. 어머니는 그 말을 듣자마자 누구보다 기뻐하셨다고 한다. 그 뒤에 아버지도 몰래 그를 찾아와 주머니에서 비상금 100만 원을 꺼내 쥐어 주셨다. "다시 시작하면 된다"는 말과 함께였다.

그 순간 그는 처음으로 이제 더 이상 혼자가 아니라는 것, 모든 가족이 함께 알고 있다는 것이 마음을 가볍게 만들었다고 한다. 행복해지고 싶었고, 부자가 되고 싶어서 시작한 투자였지만 그는 코인을 시작한 이후 단 한 번도 진정으로 행복했던 적이 없었다고 했다. 그는 지금 알뜰폰을 쓰고, 좋아하던 배달음식과 술, 담배를 모두 끊었다. 대신 자신의 회생 과정을 일일이 기록했다. 그리고 열심히 살아가는 모습을 숨기지 않고 주변 사람에게 나누기 시작했다. 그가 남긴 글에는 예전과 다른 단단함이 있었다. 그저 버티는 강함이 아니라 삶의 방향과 기준을 다시 세운 사람의 단단함이었다.

주저앉은 사람들은 결코 약하지 않았다.

다만 너무 오래 혼자였을 뿐이다.

가장 강력한 사회보장, 회생·파산

법이 없이 살 사람도, 법이 없으면 큰일을 낼 사람도, 공통적으로 알고 있는 법이 하나 있습니다. 바로 빌린 돈은 갚아야 한다는 법입니다. 이것은 물이 위에서 아래로 흐른다는 것만큼이나 당연한 법칙입니다. 그런데 세상에 참 신기한 법이 하나 있습니다. 바로 도산(회생·파산)법입니다. 이 법은 빚을 진 사람이 빚을 안 갚아도 된다고 합니다. 심지어 돈을 빌려준 사람이 돈을 빌려 간 사람을 독촉하면 안 된다고도 하고, 그래도 계속 돈을 갚으라고 하면 벌을 받는다고도 합니다. 채권자의 입장에서는 악법도 이런 악법이 없습니다.

"대체 왜 이런 신기한 법이 생겼을까?"

자본주의에서는 경쟁이 필수 요소입니다. 경쟁에는 이기는 쪽이 있는 만큼 지는 쪽이 반드시 존재합니다. 한두 번 이겼다고 해서 계속 이길 수 있는 것도 아닙니다. 다들 시험에 실패하거나 게임에 진 경험이 있을 것입니다. 시험에 낙방하면 슬프고 낙심하고 좌절합니다. 게임에서 지면 답답하고 짜증이 날 것입니다. 그러나 시험에 실패하거나 게임에 진다고 해서 당장 인생이 어떻게 되지는 않습니다. 다시 도전하거나 다른 길을 선택하면 되기 때문입니다. 그러나 사업과 인생은 다릅니다. 사업에 실패하거나, 중병에 걸렸거나, 투자에 실패해서 가산을 탕진하면 다른 길이 없습니다. 삶의 사고가 닥쳤을 때 생활 수준을 당장 낮추기는 어렵습니다. 그래서 크고 작은 빚이 생기고, 그 빚에는 이자가 복리로 붙습니다. 연체는 늪과 같아서 한번 빠지면 헤어나오기 어렵습니다. 원금은커녕 이자도 갚을 수 없게 되면 처음에 돈을 빌릴 때 잡고 있었던 희망이라는 담보도 어느덧 자취를 감추게 됩니다.

1929년 세계 대공황 때 맨해튼에서는 창밖으로 뛰어내리는 사람을 피하기 위해 차도로 걸었다고 합니다. 미국은 자본주의가 가장 발달한 만큼 부작용도 가장 심하게 앓았습니다. 낙오하는 이가 생길 수밖에 없는 체제에서는 낙오자를 지키는 제도가 반드시 필요하고, 이것이 곧 사회를 안전하고 건강하게 만든다는 관념이 뼈저린 경험을 거쳐 정립되었습니다. 헌법은 우리의 경제체제에 관하여 '개인과 기업의 경제상의 자유와 창의를 존중함을 기본으로' 하면서도 '시장의 지배와 경제력의 남용을 방지하며, 경제주체 간의 조화를 통한 경제의 민주화'를 지향하는, 이른바 수정자본주의를 채택하고 있습니다.

자본주의의 단점을 보완하여 국민이 최소한의 인간다운 생활을 할 수 있도록 하는 것이 바로 사회보장이며, 현재 소득, 교육, 의료, 주거 등 여러 방면에서 사회보장책을 시행하고 있습니다. 그런데 이런 사회보장책에는 치명적인 단점이 있습니다. 바로 돈이 아주 많이 필요하다는 것입니다.

쉽게 알 수 있는 사회보장책으로 최저임금, 의무교육, 의료보험, 주택정책 등이 있습니다. 이들 모두 국가예산의 뒷받침을 필요로 합니다. 한편 사회보장책은 정책적입니다. 정치적 여건에 따라 유동적일 수 있으므로 수혜자 입장에서 예측하기 어렵습니다.

그런데 도산은 법률로 보장됩니다. 이것은 '법률보장'이라고 할 수 있습니다. 법에 요건이 정해져 있으니 안정적이고 강력합니다. 법이 바뀌지 않는 한 수혜자들은 똑같이 혜택을 받을 수 있고, 자신이 받을 혜택을 예측하는 것도 가능합니다. 의료보험의 혜택을 받으려면 아프지 않아도 사전에 보험료를 내야 합니다. 그러나 도산이라는 이름의 법률보험은 평소에 보험료를 낼 필요가 없습니다. 일이 닥쳤을 때 비로소 인지대라는 (사법)서비스 요금을 내면 되는데, 개인회생은 3만 원, 개인파산은 2천 원에 불과합니다. 법원은 이 돈을 받고 '성실하지만 불운했던 채무자'가 다시 건전한 사회구성원으로 복귀할 수 있도록 열심히 심사합니다.

경제적인 이유로 안타깝게 생을 마감하는 사례는 지금도 일어나고 있습니다. 그래도 확실하게 이야기할 수 있는 것은, 우리나라에 회생·파산이라는 법률보험이 있기 때문에 채무에 옥죄어 가정과 인생을 포기하는 일, 살 길이 없어 범죄에 내몰리는 일이 그나마 가끔씩 일어난다는 것입니다.

패자부활전은 게임보다 인생에서 더 필요합니다. 인생은 실전이니까요.

다시 삶,
회생의 길을 걷다

1 —————— 기적 같은 '두 번째 생일'을 맞이하다

"채무자를 면책한다."

개인회생, 개인파산 사건에서 판사가 마지막에 외치는 주문이다. 호그와트에나 있는 줄 알았던 마법사가 현실에 나타나 회생법정에서 이 주문을 외치면 채무자에게 채워졌던 족쇄는 흔적 없이 사라진다. 알파이자 오메가, 끝이지만 시작인 것이다.

많은 사람들은 이 순간을 모든 문제가 해결된 날로 오해하지만 면책 결정은 출발선이다. 법적인 책임이 소멸했으니 이제 자유로워졌다고 생각한다. 그러나 중요한 것은 그 이후이다. 면책은 다시 출발할 수 있는 자격을 얻은 날에 불과하다. 빚이라는 족쇄는 풀렸지만, 그 족쇄를 채운 판단과 습관은 그대로 남아 있다. 같은 소비습관과 생활 패턴이 반복된다면 백번 면책을 받아도 소용이 없다.

면책을 받고도 다시 상담실을 찾아오는 사람이 많은 이유가 여기에 있다. 그들은 기존과 똑같은 이유로, 똑같은 방식으로 무너진다. 과도한 낙관, 충동적 소비, 문제점을 외면하고 주변의 경고를 무시한 선택이다. 이들이 깨치지 못한 것은 빚의 굴레가 아니라 자신에 대한 애정과 성찰이 여전히 부재한 것이다.

그래서 면책은 그 후가 더 중요하다. 법원에서 면책결정을 받는 순간보다 그 이후 6개월, 1년, 3년을 어떻게 보내느냐가 진짜 회복을 결정한다. 두 번째 생일을 맞이하는 사람에게 필요한 것은 추상적인 희망이 아니라 구체적인 설계와 기준이다.

사람이 제일 잘 하는 것은 실수하지 않기가 아니라 같은 실수 반복하기이다. 소비습관, 생활습관은 혼자서 고치기가 어렵기 때문에 주변의 지지와 격려, 따뜻하지만 냉철한 시선이 필요하다. 금연도 주변에 알려야 성공한다고 이야기하는 것처럼 말이다. 하지만 파산을 겪은 채무자들은 주변 환경도 녹록치 않고, 굳이 주변에 알리고 싶어 하지도 않는다.

그래서 나는 의지를 가진 사람들이 모여 익명으로 교류하면 괜찮지 않을까 하는 생각에 커뮤니티 카페를 운영하게 되었다. 그리고 의뢰인들에게 면책 이후에도 회생채무자들이 모인 온라인 커뮤니티에 자주 들어오고 참여하라고 권하고 있다. 여기서는 주변의 눈치를 볼 필요도 없다. 그저 같은 과정을 겪은 사람들이 모여 서로의 일상을 공유하고, 작은 성취를 축하하며, 위험한 선택 앞에서 함께 고민한다. 혼자서는 회복을 지속하기 어렵다는 것을 너무나 잘 알고 있기 때문이다.

그 공간에서는 누군가 새 직장을 구했다는 소식을 올리고, 누군가는 소액이지만 돈을 모아 결혼까지 했다는 기쁜 소식을 나눈다. 같은 경험을 한 사람들의 목소리는 가족의 충고보다, 전문가의 조언보다 때로는 더 강하게 와닿는다. 이론이나 법률이 아닌 실제로 그 길을 걸어 본 사람들이기 때문이다.

또 다시 혼자 고립되면 예전의 습관이 고개를 든다. 조금 여유가 생기면 괜찮다는 착각이 찾아온다. 그럴 때 필요한 것이 공동체이다.

사람들은 이곳에서 자신이 혼자가 아니라는 사실을 확인하고, 예전의 자신으로 돌아가지 않기 위한 점검을 받는다. 다른 사람의 실수를 통해 간접 경험을 쌓고, 성공담을 통해 성취를 나눈다. 이런 반복적 상호작용이 회복을 지속 가능하게 돕는다.

면책은 일시적인 결과일 뿐이고, 중요한 것은 그 이후의 삶이다. 회복은 단기간에 완성되지 않는다. 빨리 만회하려다 보면 오히려 다시 미끄러진다. 한 달에 50만 원씩 저축을 하겠다는 계획보다, 한 달에 5만 원씩이라도 확실하게 저축하는 구조가 낫다.

판결은 법원이 내리지만 회복은 결국 개인의 의지와 실행에 달려 있다. 법률적 절차는 명확하지만 습관의 구조조정은 명확하지 않기 때문이다.

얼마 전 한 의뢰인이 이런 문자를 보내왔다.

"변호사님, 오늘이 제 두 번째 생일입니다. 작년 오늘, 면책 결정을 받았습니다. 아직 많이 부족하지만 작년의 저보다는 나아졌습니다."

회생파산제도는 많은 사람에게 두 번째 생일을 선물해 주고 있다. 면책결정이 나는 날이나 회생계획안 인가결정이 나는 날들은 달력상으로는 특별한 날이 아니고, 세상도 아무런 관심이 없는 날이다. 그러나 당사자에게는 인생이 다시 시작되는 날이다. 온전히 자기 힘으로 다시 설 기회를 부여받는 날이기도 하다.

나는 의뢰인들이 면책결정을 받은 날짜를 기억했으면 한다. 그 두 번째 생일을 기억하고, 1년 뒤, 다시 그 1년 뒤에도 달라진 인생을 마주하면서 스스로를 축하하고 칭찬해 주면 좋겠다. 그 생일을 기억하고, 축하하고, 점검하는 사람만이 진짜 회복에 도달한다. 본인의 회복을 스스로 점검할 수 있는 사람은 다시 무너지지 않을 것이기 때문이다.

❖❖❖

2 ——————　　　　　　　　　　　　　　**버티는 동안
시간은 적이다**

　회생제도의 본질은 시간을 사는 데 있다. 완전히 무너진 상태에서 다시 숨을 고르고, 합리적인 범위 안에서 삶을 재구성할 수 있도록 시간을 벌어 주는 장치이다. 삶을 기적적으로 변화시켜 주지는 않더라도 대신 더 이상 추락하지 않도록 멈추게 해준다. 그러나 많은 사람들이 아직은 버틸 수 있을 것 같다는 생각 때문에 회생을 미룬다. 조금만 더 벌면 상황이 나아질 것 같고, 이번 달만 넘기면 해결될 것 같다는 기대를 붙든다. 그러나 현장에서 반복적으로 확인되는 사실은 분명하다. 시간은 문제를 절대로 해결해 주지 않는다.

　채무자로 사는 동안 시간은 내 편이 아니다. 공과금 내는 날, 카드 결제일, 대출 만기일이 금방금방 돌아온다. 속절없이 흘러가는 시간이 야속하기만 할 정도이다. 채무자가 멈춰 있는 순간에도 이자와 연체, 독촉은 계속해서 쌓인다.

물론 빚은 눈에 띄는 속도로 늘지 않는다. 그래서 더 위험하다. 서서히 물이 차오르는 배처럼 아직은 괜찮다고 느끼게 만든다. 카드로 막고, 소액 대출로 버티고, 가까운 사람에게 손을 벌리며 시간을 산다. 그러나 어느 순간 한계는 반드시 찾아온다.

그런데 회생과 파산 절차에 돌입하는 순간, 시간은 내 편이 된다. 절차 초기에 금지명령이 나오면 독촉이 멈추고, 이자도 더 이상 늘어나지 않는다. 최소한의 생계비를 보장받은 상태에서 감당이 가능한 범위의 변제만 이어가면 되기 때문에 그 순간부터 사람은 다시 숨을 쉴 수 있게 된다.

시간이 내 편이 되었으니 믿고 기다리면 된다. 다만 사람들은 하던 대로 초조해하고는 한다. 그래서 나는 운동이어도 좋고, 독서여도 좋고, 심지어 게임이어도 좋으니 몰입할 수 있는 다른 것을 찾으라고 조언한다. 한 의뢰인은 운동에 몰입하며 카페에 몸짱이 된 사진을 올리기도 했다. 어떤 의뢰인은 주말마다 산을 다니며 회생이 끝날 때쯤에는 전국의 100대 명산을 모두 가 봤다고 자랑을 했다.

회생 절차를 마친 사람들은 대부분 같은 말을 한다.

"왜 이것을 더 일찍 하지 않았을까요."

그 말에는 후회가 담겨 있다. 버티느라 잃었던 시간과 무너졌던 신용, 그리고 견뎌야 했던 감정들에 대한 후회였을 것이다.

작년 가을, 지방 일정 중에 지인의 소개로 전화가 왔다. 세 개의 법인을 운영하는 대표였는데, 곧 연체가 될 처지라고 했다. 나는 연체 전에 준비하면 진행도 수월하고 예후도 좋으니 바로 준비할 것을 권했다. 그는 비용을 물어 보고는 준비가 되는 대로 연락을 주겠다고 했다. 그리고 5개월이 지나서 연락이 왔다.

그 사이 회사의 거의 모든 자산에 가압류가 진행되었고, 부동산 임의경매 절차가 여러 건 개시되어 있었다. 주말이 지나면 언제 매각기일이 잡힐지 모르는 상황이었다. 3개 법인 모두의 회생 신청을 이번 주 안으로 접수해 달라고 했다. 통장이 다 묶여 있으니 일단 100만 원만 카드로 받고 나머지는 진행하면서 받으라고 했다. 세 건을 한 건으로 처리해서 예납금도 한 건 수준으로 감액해 달라는 말까지 덧붙였다. 가능한지를 묻는 질문이 아니라 '답정너' 명령이었다.

그의 상황 인식은 분명했다. 발등에 불이 떨어졌으니 비용은 최소로, 속도는 최대한으로 내야 하는 상황인 것이다. 하지만 절차에 대한 이해는 부족했다. 법인회생은 서류 몇 장 내서 진행되는 절차가 아니다. 법인의 자산과 채무 구조를 분석하고, 담보·신용·보증 관계를 정리하는 것은 기본 중의 기본에 불과하다. 여기에 더하여 이 회사가 왜 어려워졌는지, 향후 매출은 어떻게 확보하고 비용은 어떻게 줄일 것인지, 회생절차에 돌입한 후 경영에 어떤 제한이 발생하고 이를 어떻게 극복해 나갈 것인지, 주요 거래처와 핵심 인력은 어떤 명분으로 설득할 것인지 등 수많은 요소를 퍼즐 맞추듯 짜맞춰야 한다. 그래야만 회사의 사정을 모르는 법원과 채권자들을 상대로 이 회사가 왜 회생이 필요한지, 그것이 채권자와 사회경제에 왜 유익한지를 설득할 수 있다. 이런 작업을 단 며칠 안에, 그것도 법인회생 세 건을 한꺼번에 처리해 달라는 요청이었다. 솔직히 말해서 그 조건을 받아 줄 변호사는 대한민국에 없다. 이건 방식의 문제가 아니라 물리적으로 불가능한 요구이기 때문이다.

어렵다는 의사를 전달하니 그는 일단 접수부터 하고 보정하면 되지 않냐는 것이었다. 이미 가압류가 들어왔고, 경매가 개시되었으며, 은행은 기다려 주지 않는 상황에서 접수부터 하고 보정하자는 것은 도박에 가깝다. 이렇게 무리하게 신청하면 신청 이후도 문제이다. 회생은 자판기에서 버튼을 눌러 상품을 뽑는 것이 아니다. 사건을 막무가내로 접수하면 법원에서 대리인 사무실 전체를 색안경을 끼고 들여다볼 가능성도 있다. 이미 우리를 믿고 의뢰하는 분들과 그들의 사건을 생각하면 이런 식의 진행은 삼가야 한다. 안타깝지만 원하는 조건으로는 진행하기 어렵다는 회신을 했다. 아무리 급한들 바늘허리에 실을 꿰어 쓸 수는 없다.

만약 이분이 작년 가을에 내가 권했던 대로 바로 준비를 시작했다면 상황은 전혀 달랐을 것이다. 차근차근 준비해서 훨씬 수월하게 진행할 수 있었을 테고, 아는 변호사들에게 답답한 연락을 돌리는 일도 일어나지 않았을 것이다. 5개월을 재다가 타이밍을 완전히 놓쳤다.

'골든타임'이란 말이 있다. 심각한 사고를 당한 환자가 치료를 빨리 받을수록 생존 확률이 높아진다는 개념이다. 응급환자가 처치를 받기까지 시간을 지체하면 아무리 뛰어난 의사라도 손을 쓸 수 없듯이, 재무위기에 처한 사람과 회사도 응급환자나 마찬가지이다. 소생할 수 있는 타이밍을 놓치면 아무리 뛰어난 변호사라도 살리지 못한다. 회생에 성공하려면 시간을 먼저 벌어야 한다. 돈을 버는 것은 그 다음이다.

3 —————— **지금 시작해야 할까,
더 기다려야 할까**

개인회생을 고민하는 대부분의 사람들은 결정보다 지금 시작해야 할지, 아니면 조금 더 버텨도 되는지 먼저 '타이밍' 앞에서 멈춘다. 특히 연말과 연초 사이에서는 이 고민이 더욱 구체적인 질문으로 바뀐다. 연초에는 최저생계비 기준이 올라가기 때문에 조금 더 유리해질 수 있다는 이야기를 듣기 때문이다. 그러나 이러한 판단은 일부 조건만을 기준으로 한 단순한 접근에 가깝다.

개인회생에서 중요한 것은 특정 시점 자체가 아니라 각자의 상황에 따른 판단이다. 예를 들어, 연말에 신청하더라도 실제 결정은 다음 해에 이루어지는 경우가 많다. 이 경우 상황에 따라 다음 해 기준의 생계비가 적용될 수도 있다. 따라서 단순히 '연초가 더 유리하다'는 이유만으로 신청을 미루는 것은 신중해야 할 필요가 있다. 오히려 소득의 변동 가능성이나 현재의 채무 상태에 따라서는 연말에 신청하는 것이 더 나은 선택이 될 수도 있다.

결국 중요한 것은 시기를 기다리는 것이 아니라 자신의 상태를 정확히 파악하는 것이다. 개인회생을 고려해야 하는 시점은, 갚고자 하는 의지는 있지만 일반적인 방식으로는 채무 상환이 어려워지는 단계에 이르렀을 때이다.

문제는 많은 사람들이 이 시점을 놓친다는 데에 있다. 상황이 나아질 것이라는 기대나 현실을 직면하기 어려운 심리로 인해 결정을 계속 미루게 된다. 그러나 채무 문제는 시간이 해결해 주지 않는다. 오히려 시간이 지날수록 추심과 독촉은 더 강해지고, 압류와 같은 법적 절차로 이어질 가능성이 높아진다. 이 단계에 이르게 되면 같은 절차를 진행하더라도 심리적 부담과 회복의 난이도는 훨씬 커진다. 또한 개인회생의 목적이 단순한 채무 조정이 아니라 신용 회복에 있다는 점을 고려하면, 연체가 시작된 이후에 절차를 진행하는 것과 연체 이전에 대비하는 것 사이에는 체감할 수 있는 차이가 분명히 존재한다.

다음과 같은 변화가 반복된다면 이미 상황은 임계점에 가까워진 것이다. 원금은 줄지 않고 이자만 계속 납부하고 있거나, 연체가 시작되었거나 눈앞까지 다가와 있다면 이미 정상적인 상환 구조는 무너진 상태이다. 생활비와 채무를 동시에 감당하기 어렵고, 대출로 또 다른 대출을 막는 일을 반복하고 있다면 그 자체로 구조적인 한계에 도달했다는 신호이다. 여기에 더해 독촉이 이어지고 있다면 문제는 더 이상 '관리'의 영역이 아니다. 이 단계에서 중요한 것은 버틸 수 있는지가 아니라 얼마나 더 악화될 것인가에 가깝다.

많은 사람이 이 지점에서도 결정을 미룬다. 아직은 괜찮을 것 같다는 생각 때문이다. 하지만 그 시간 동안 바뀌는 것은 거의 없다. 달라지는 것은 오히려 상황의 무게뿐이다. 개인회생은 단순히 조건을 맞추는 절차가 아니라 언제 시작하느냐에 따라 체감되는 난이도와 부담이 달라진다.

따라서 중요한 것은 '조금 더 유리한 시점'을 기다리는 것이 아닌 지금 이 상태가 이미 한계를 넘었는지 스스로 판단하는 일이다. 그리고 그 판단이 어렵다면 혼자 고민하기보다 전문가의 도움을 통해 현재의 상황을 객관적으로 확인하는 것이 가장 현실적인 선택이 될 수 있다.

4 ———— 　　　　　　　　　　　　　　**프로메테우스의 간**

"의사면 다 잘 살잖아?"

불과 얼마 전까지만 해도 당연했던 이 인식이 이제는 과거의 이야기가 되었다. 건강보험수가는 물가상승률을 따라가지 못하고, 인건비와 임대료는 치솟는데 환자 수는 오히려 줄었다. 여기에 의대 증원, 공공의료 강화정책까지 더해지면서 치열해진 경쟁 속 증가하는 비용, 코로나 팬데믹을 전후해 급격히 바뀐 의료 시장 속에서 폐업을 하거나 심각한 재정 위기에 빠지는 병·의원들이 꾸준히 늘고 있다. 얼마 전 상담을 받으러 오신 한 내과 원장님이 한숨을 내쉬며 이렇게 말했다. "20년 동안 성실히 진료만 해왔는데, 대출이자도 못 내는 상황이 올 줄 몰랐어요." 사람들은 의사면 다 잘 살 것이라고, 걱정할 일이 없을 것이라고 생각한다. 그러나 현실은 그렇게 단순하지 않다.

그리스 신화에 나오는 제우스는 인간이 강해지는 것을 원하지 않았다. 불은 신들의 것이었고, 인간에게 주어질 힘이 아니라고 생각했다. 올림포스의 신도 인간도 아닌 티탄족 출신 프로메테우스는 불을 훔쳐 인간에게 건넸다. 그 행동의 대가로 제우스에게 벌을 받아 카프카스산맥에 묶이게 되었고, 매일 낮이면 독수리가 날아와 그의 간을 쪼아 먹었다. 그러나 밤이 되면 간은 다시 자라났고, 다음 날이면 같은 형벌이 반복되었다. 프로메테우스의 고통은 한 번으로 끝나지 않았다. 의학계에서는 이 신화를 간의 놀라운 재생능력을 보여 주는 예시로 인용한다. 의사의 경제적 재기 과정이 이와 닮아 있다.

어느 날 회생절차를 거친 한 병원장님이 내게 말했다. "변호사님, 의사 면허가 이렇게 좋은 자산인 줄 몰랐어요." 의사는 스스로 움직여 수입을 만들어 낼 수 있는 직업이다. 외부 환경이 나빠져도, 몸이 허락하는 한 진료를 통해 다시 일어설 수 있다.

일반 기업의 경우 회생 신청 사실이 알려지면 거래처가 이탈하고 매출이 감소하는, 이른바 도산충격을 겪는다. 하지만 병·의원은 다르다. 환자들은 의사가 회생 절차를 밟고 있는지 알기 어렵고, 설령 알더라도 치료가 잘 이루어진다면 병원을 찾지 않을 이유가 없다. 그 병원장님은 병원 규모를 줄이는 대신 요양병원 쪽

탁의, 검진센터 파트타임 등 다양한 방법으로 안정적인 현금흐름을 확보했다. 면허만 있으면 어디서든 일할 수 있다는 그의 말처럼, 의사 면허는 그 자체로서 강력한 재기의 도구이다.

제도도 달라졌다. 예전에는 의사가 파산을 신청하면 의사 자격이 정지되어 생계수단 자체를 잃었다. 그래서 의사들은 울며 겨자 먹기로 복잡하고 비용도 많이 드는 일반회생이나 법인회생을 선택할 수밖에 없었다. 그러나 2007년 의료법 개정으로 파산은 더이상 의사면허의 결격사유가 아니게 되었다. 면책 전까지도 의사로서 계속 진료하며 소득 활동을 할 수 있다. 여기에 더해 개인회생의 채무 한도가 10억 원에서 15억 원으로 늘어난 것도 주목할 만한 변화이다. 규모가 크지 않은 병·의원을 개인사업자로 운영하는 의사라면, 복잡한 일반회생보다 간소한 개인회생이 더 적합한 선택지가 될 수 있다.

의사나 전문직의 면허는 프로메테우스의 간과 닮아 있다. 놀라운 재생력을 가진 자산이다. 무너진 것처럼 보여도 다시 자라나고, 다시 시작할 수 있는 힘을 품고 있다. 그러나 프로메테우스가 쇠사슬에 묶인 채 고통을 반복했듯이, 결단을 미루면 재생력이 있어도 고통만 길어진다. 바쁜 일정과 전문직으로서의 자존심, '조금만 더 버텨 보자'라는 낙관론은 누구에게나 자연스러운 감정이

다. 하지만 경영 구조의 문제와 자금 압박이 임계점을 넘기기 전
에 결단했다면 훨씬 덜 고생하고 안정적으로 재기할 수 있었던
사례들을 수없이 보아 왔다. 타이밍을 놓치면 고통은 반복되고,
선택지는 점점 줄어든다.

5 —————— **당신은 생각보다
훨씬 강합니다**

이 책을 여기까지 읽었다는 사실 하나만으로도 이미 많은 것을 증명하고 있다. 무너진 상황에서도 도망치지 않고 이유를 이해하려고 했고, 다시 일어날 수 있는 방법을 찾고 있다. 이것은 결코 약한 사람의 태도가 아니다.

이번 장에서는 당신에게 **"당신은 약한 사람이 아닙니다"**라고 꼭 말해 주고 싶다. 당신은 무너졌지만 살아 있다. 무너졌다는 것은 약함이 아니라 생존의 기록이다.

무너지는 동안에도 당신은 생활했고, 돈을 벌기 위해 움직였고, 가족을 지켰고, 관계를 유지했고, 일상을 감당했다. 약한 사람은 무너지기 전에 삶을 포기한다. 무너진다는 것은 버텼다는 뜻이고, 버텼다는 것은 견뎌 냈다는 뜻이며, 살아 냈다는 뜻이다. 당신은 오롯이 혼자 감당하다가 결국 자기 몫을 놓치게 되었다. 그것은 무능이 아니라 과부하 상태였던 것이다. 기계도 과부하 상태에서는 멈추기 마련이다. 그러나 기계가 멈췄다고 해서 기계를 나쁘다고 비난하는 사람은 없다. 사람도 마찬가지이다. 당신은 잠시 멈춰 선 것뿐이지 망한 것이 아니다.

당신은 도망가지 않았다. 도망가는 사람은 상담실에 오지 않는다. 도움을 요청하는 순간은 무능의 증거가 아니라 책임의 증거이다. 자의든 타의든 당신은 끝까지 책임을 지기 위해 상담을 받고, 대책을 세우고 , 이 책을 읽으며 방법을 찾고 있다.

절망에서 벗어나는 첫 단계는 감정을 바꾸는 것이 아니라 상황을 정확히 해석하는 것이다. 막연한 불안은 사람을 멈추게 하지만, 구조화된 문제는 해결이 가능해진다. 절망은 '나는 여기서 절대 나갈 수 없다. 방법이 없고 다 끝났다'라고 해석될 때 생긴다. 따라서 절망에서 빠져나오는 첫 번째 방법은 문제를 혼자 해석하지 않는 것이다. 해석을 나누는 순간 문제는 절망이 아니라 사안이 된다. 사안은 해결할 수 있지만 절망은 해결할 수 없다.

수치심은 사람을 과거에 묶어 둔다. '왜 그렇게 했을까'라는 질문에는 답이 없다. 답 대신 필요한 것은 다시 시작할 수 있는 능력, 즉 '리셋' 능력이다. 인생에서 중요한 것은 무너지지 않는 것이 아니라 몇 번이고 리셋을 할 수 있는 유연성이다.

우리는 잠시 멈추기도 하고 일상에 과부하가 걸려 번아웃이 오기도 한다. 그러나 체면은 당신의 생계를 책임져 주지 않는다. 지금 필요한 것은 불필요한 판단과 과도한 책임감을 내려놓고, 현재 시점에서 다시 출발할 수 있는 상태를 만드는 것이다. 리셋 능력이 강한 사람들의 특징은 빠르게 인정하고, 빠르게 정리하고, 다시 시작한다는 것이다. 그것이 진짜 강함이다.

도산 제도는 시간을 사는 방법이다. 중지명령, 금지명령, 회생개시, 개인회생, 파산, 조정 이 모든 제도는 사람에게 시간을 돌려주는 장치이다. 시간이 생기면 절망은 약해진다. 절망은 시간이 없을 때 가장 강하기 때문이다.

사람은 무너진 이후에야 진짜 중요한 것을 본다. 그 깨달음은 고통스럽지만, 그 고통이 바로 변화의 통로가 된다. 인간은 원래 혼자 살도록 설계되지 않았다. 당신은 혼자가 아니다. 회복은 특별한 자질이 필요한 일이 아니다. 이미 당신 안에 있는 판단력과 현실 감각을 다시 꺼내는 과정일 뿐이다.

강함은 넘어지지 않는 능력이 아니라 넘어졌을 때 머무르지 않는 능력이다. 당신은 지금 방법을 찾고 있다. 그것으로 충분하다.

6 ——— 3,000명의 눈물을 지나며 알게 된 것들
– 침묵의 암살자

상담을 거치며 나는 한 가지 사실을 반복해서 확인하게 되었다. 사람을 무너뜨리는 것은 빚의 크기가 아니라, 혼자 견디는 시간의 길이라는 점이다.

채무가 늘어나는 동안 대부분의 사람들이 상황을 숨긴다. 채무 그 자체를 오래 붙잡고 있다는 의미가 아니다. 끝까지 혼자 생각하고 감내하려는 관성을 말하는 것이다. 과중한 빚으로 인한 어려움을 가족이나 가까운 사람에게도 좀체 꺼내지 않는다. 그것은 본인의 파산 상황이 실패자로 낙인될 것 같은 생각 때문이었다. 하지만 그 침묵의 시간 동안 문제는 멈추지 않는다. 숫자는 커지고, 그보다 먼저 감정이 무너진다.

파산은 경제적 사건이지만, 경제적 이유만으로 설명되지는 않는다. 그 이면에는 자존감의 상실이나 미래에 대한 불안 그리고 더 이상 상황을 통제할 수 없다는 감각이 함께 놓여 있다. 그래서 침묵은 무책임이 아니라, 자신을 보호하기 위한 가장 원초적인 방어가 되기도 한다.

그러나 고립은 문제를 줄이지 않고 오히려 문제를 키울 뿐이다. 초기에 도움을 요청했다면 충분히 감당할 수 있었을 채무가 혼자 버티는 시간 속에서 몇 배로 불어나는 장면을 나는 반복해서 보았다. 침묵은 정보의 단절로 이어지고, 정보의 단절은 선택지를 사라지게 만든다. 혼자 견디는 시간은 개인의 성격 문제가 아니라 상황이 빚어낸 조건반사에 가깝다. 이 고립의 양상은 점점 더 이른 나이에서부터 나타나고 있다.

최근에는 젊은 세대들이 경제적 불안과 반복된 실패의 경험을 통해 사회적 관계에서 한 발씩 물러나 은둔에 가까운 상태로 들어가는 모습도 낯설지 않다. 학업과 취업준비로 겪는 좌절, 관계의 단절, 재정 악화가 차곡차곡 쌓이면서 이들은 동굴로 도피하기 시작한다. 편하지는 않더라도 당장 위협이 없는 동굴 안에 머무는 것이다. 이는 도움을 요청하지 않는 것이 아니라, 요청할 수 있는 언어와 관계를 동시에 잃어버린 상태에 가깝다. 어디에서도 실패자로 규정되고 싶지 않기 때문에 차라리 스스로를 고립시키는 쪽을 택하는 것이다.

채무자들의 침묵과 방 안으로 물러난 젊은 세대의 선택은 형태만 다를 뿐 본질적으로는 크게 다르지 않다. 이 과정을 지나며, 나 역시 변호사로서의 기준이 달라졌다. 얼마를 빌렸는지보다 얼마 동안 혼자 버텨 왔는지를 먼저 묻게 되었다. 숫자를 묻기 전에 그 사람이 어떤 침묵을 견뎌 왔는지를 살피게 되는 것이다.

문제는 언제나 돈의 문제가 아니었다. 그리고 실패의 문제는 더더욱 아니었다. 그럼에도 불구하고 사람들은 비슷한 방식으로 무너진다.

❖❖❖

7 —————— 아주 작은
습관의 힘

1억 원을 모으는 게 정말 가능하냐고 묻는 사람들이 있다. 너무 큰 숫자처럼 느껴지고 지금의 형편에서는 애초에 시작조차 할 수 없다고 생각한다. 그런데 의외로 답은 단순하다. '안 쓰는 것'이다. 쓰지 않으면 돈은 시간을 타고 저절로 쌓인다. 문제는 이 단순한 답이 너무 괴롭다는 데에 있다. 돈을 안 쓰는 삶은 심심하고, 불편하고, 오래 버티기가 어렵다.

특히 20대, 30대 미혼에 회생을 하는 분들을 보면 생각 외로 주거비의 부담이 굉장히 크게 작용한다. 특히나 요즘은 배달이 정말 편리하게 잘 되어 있어서 집에서 밥을 해먹지 않고 배달을 시켜서 먹는 경우가 많다. 하지만 내가 요리하는 시간과 재료를 구하는 시간을 아껴서 내 소득을 올릴 수 있다면 시켜 먹고 쉬는 편을 택해야 하지만, 당장 요리를 해서 식비라도 줄여 내 형편이 나아진다고 한다면 지금은 그 삶을 유지해야 할 때이다.

회생절차를 밟으면서 극단적으로 소비를 줄인 사람들이 있다. 옷을 사지 않고, 외식을 하지 않고, 출퇴근조차 무료 나눔 자전거로 해결하며 50분 거리를 매일 오간 사람……. 반면 부양가족이 있는 가장에게 극단적인 절약은 현실적으로 불가능에 가깝다. 자녀 교육비, 가족의 최소한의 생활—이것들은 줄일 수 있는 항목이 아니기 때문이다. 그래서 많은 사람이 언제까지 이렇게 살아야 하느냐고 묻는다. 그리고 그 질문의 끝에는 언제나 같은 체념이 남는다. '그냥 지금처럼 살아도 되겠지.'

그 체념은 종종 반대 방향의 실수로 이어진다. 목표를 처음부터 '1억'으로 잡아 버리는 것이다. 숫자가 커지는 순간 부담도 함께 커지고 부담은 곧 포기로 이어진다. 《아주 작은 습관의 힘》(제임스 클리어 저, 2019)에서 말하듯 "성공은 단 한 번의 큰 행동이 아니라, 매일 반복된 작은 선택의 결과"이다. 인생을 바꾸는 것은 거창한 큰 결심이 아니라 오늘 하루의 선택이다.

돈도 마찬가지이다. 한 달에 10만 원, 그 다음에는 100만 원, 이렇게 목표를 잘게 쪼개면 돈은 더 이상 막연한 공포의 대상이 아니라 도달 가능한 결과가 된다. 시간이 지나면 1억 원이 아니더라도 반드시 '목돈'이라는 형태의 결과가 남는다.

회생·파산 상담을 하다 보면 사람의 돈에 대한 태도는 크게 두 부류로 나뉜다. 돈에 대해 집요할 정도로 관리하는 사람과 돈에 대해 잘 모르거나 관심을 두지 않는 사람이다. 사고는 대부분 후자인 돈에 대해 잘 모르거나 관심을 두지 않는 사람에서 발생한다. 돈을 모으는 사람들은 돈 자체보다 돈을 관리하는 과정에서 오는 성취감을 안다. 반면 목표가 없는 소비는 늘 같은 방식으로 반복된다. 지출을 들여다보면 가장 큰 비중을 차지하는 것은 늘 주거비와 식비이다. 특히 회생 과정에 있는 사람들에게 주거비는 삶 전체를 압박하는 가장 큰 변수이다.

회생을 하면 저축은 불가능하다고 말한다. 하지만 현실은 다르다. 회생 중에도 돈을 모으는 사람들은 분명히 존재한다. 소비를 줄이거나, 투잡을 시작하거나, 자연스럽게 소득과 기회가 함께 커지는 경우도 적지 않다. 욕망을 해소하는 방법을 소비로 선택하는 순간, 사람은 다시 빚의 궤도로 돌아간다. 그래서 돈의 문제는 결국 습관의 문제이고 습관은 언제나 아주 작은 선택에서 시작된다. 이것은 몇 번을 강조해도 지나치지 않은 말이다.

최근 방송인 타일러 씨가 한 방송 프로그램에서 한 말이 기억에 남는다. 한국인들은 학교를 다니면서 자신이 무엇을 좋아하는지 찾는 훈련을 전혀 하지 않는 것 같다는 말이었다. 나도 나름대로 공부를 열심히 했다고 생각하는 사람이지만, 학교에서 그런 교육을 받은 기억은 전혀 없다. 사회에 나와서 스스로 이런저런 시행착오를 겪으면서 깨닫게 되는데, 그 과정에서 '소비'라는 잘못된 스트레스 해소법을 만나면 결국 다시 원점으로 돌아가게 된다. 그래서 교육이 중요하다. 자신이 무엇을 좋아하는지, 어떤 방식으로 스트레스를 해소해야 하는지를 아는 것 그것부터가 건강한 경제생활의 시작이다.

인생은 한 번에 바뀌지 않는다. 하지만 오늘의 아주 작은 습관 하나가 당신의 인생 방향을 바꿔 놓는다.

8 —————— **'그럼에도 불구하고'
다시 일어선 사람들**

어느 날 문득 한 시를 보았다. 왜인지 모르게 그 문장이 머릿속을 떠나지 않는다. 곱씹어 보니, 우리 사무실 식구들이 의뢰인들에게 자주 건네던 말과 닮아 있었다.

지금 사람들 너나없이
살기 힘들다, 지쳤다, 고달프다,
심지어 화가 난다고까지 말을 한다.

그렇지만 이 대목에서도
우리가 마땅히 기댈 말과
부탁할 마음은 '그럼에도 불구하고'

그럼에도도 불구하고 우리는
밥을 먹어야 하고
잠을 자야 하고 일을 해야 하고

그럼에도 불구하고 우리는
아낌없이 사랑해야 하고
조금은 더 참아낼 줄 알아야 한다.

무엇보다도 소망의 끈을
놓치지 말아야 한다.
기다림의 까치발을 내리지 말아야 한다.

그것이 날마다 아침이 오는 까닭이고
봄과 가을 사계절이 있는 까닭이고
어린것들이 우리와 함께하는 이유이다.

— 나태주, 「그럼에도 불구하고」

상담실에서 만나는 사람들은 저마다 각자의 이유로 힘들어한
다. 살기가 힘들고, 지치고 고달프다고 말한다. 어떤 이는 심지어

　　　　　　　　　　　　　　　　　　　　　　　파산수업

화가 난다고까지 말한다. 그들의 목소리에는 절망이 묻어 있고, 때로는 포기가 스며들어 있다. 하지만 그렇게 힘들다고 말하는 사람들도 결국 다음 날 아침이 되면 다시 눈을 뜨고 일어난다. 밥을 먹고, 책임져야 하는 것들을 위해 일터에 나간다. 그것이 바로 '그럼에도 불구하고'의 힘이다.

법정에서도 마찬가지이다. 의뢰인의 사연이 아무리 안타까워도 법은 그것만으로 움직이지 않으므로 최선의 방법을 찾아내야 한다. 의뢰인이 다시 일어설 수 있도록 길을 만들어 내야 한다. 나는 변호인의 자리에서 해결책을 모색하고, 의뢰인들은 살아가야 할 이유를 찾아가며 버텨 낸다.

그 버팀의 끝에서 만난 사람들이 있다.

의뢰인 B씨는 회생 절차 한가운데 있을 때 우연히 분양 하우스를 찾았다. 대출은 당연히 불가능했고, 계약금으로 쓸 수 있는 돈이라고는 한 푼도 없었다. 잦은 이직과 실직으로 고소득 직장을 찾기 어려운 상황이었지만 법원은 그 사정을 인정해 최저변제율을 허가했다. B씨는 3년 동안 변제금을 단 한 번도 밀리지 않았다. 추가 급여가 생길 때마다 적금도 꼬박꼬박 부었다.

그럼에도 분양을 꿈꾸기에는 턱없이 부족한 현실이었다. 하지만 그는 포기하지 않았다. 온라인 판매로 생계를 이어가며 하루

하루를 버티던 중, 우리 카페에 글을 남겼다. "1년 뒤 꼭 분양권을 계약했다는 소식으로 돌아오겠습니다"라는 다짐이었다. 그리고 정확히 8개월 후, B씨는 약속을 지켰다. 4년 뒤 입주 예정인 아파트 분양 계약을 완료했다는 소식과 함께 다시 나타난 것이다. 1차 계약금 일부는 피와 땀을 흘려 모은 적금으로, 나머지는 면책 이후 가능해진 제1금융권 '새희망 홀씨' 대출로 충당했다. 앞으로도 매월 상환해야 하는 금액과 1년 뒤 2차 계약금을 또 다시 준비해야 하는 결코 가볍지 않은 현실이었다. 그럼에도 B씨는 몸은 힘들지만 마음은 정말 기쁘다고 말했다. 다시 꿈을 꿀 수 있는 삶이 되었기에 이런 회생이라면 열 번이고 백 번이고 더 할 수 있다고 말이다.

비슷한 시기에 사무실을 찾아온 A씨는 50대였다. 가족의 사기로 평생 모은 재산을 모두 잃었고, 부모님과 형제의 잇따른 죽음까지 겪으며 어린 자녀들을 홀로 키우고 있었다. 매일 새벽에 잠든 아이를 두고 출근하는 차 안에서 목 놓아 울었다고 한다. 퇴근 후에는 너무 지쳐 현관에 그대로 주저앉아 한 시간씩 쓰러졌다 겨우 일어나는 나날이었다. 그렇게 우리를 만나게 된 A씨는 상담 당일에 용기를 내어 회생 절차를 시작하기로 결심했다.

늦은 나이에 시작한 새 직장에서 띠동갑을 두 번 이상 두른 젊은 동료들의 텃세를 견뎌 냈다. 오직 성실뿐이라는 마음으로 버틴 결과, 어린 동료들과 마음을 나눌 수 있게 되었다. 그리고 좋은 기업에 스카우트되어 이전 연봉의 두 배를 받으며 일하고 있다. 기나긴 회생 절차가 마무리되던 날, A씨는 커뮤니티에 글을 남겼다. "이제 하고 싶은 일과 가고 싶은 곳, 먹고 싶은 것이 생겼습니다." 그리고 지금 절망 속에 있을 누군가를 향한 응원의 말도 잊지 않았다.

회생은 모든 문제를 한 번에 해결해 주지 않는다. 하지만 적어도 내일을 계획할 수 있는 자리로 다시 돌아오게 해준다. 꿈을 꿀 수 있게 되는 순간에 인생은 이미 다시 시작되고 있다.

우리는 모두 '그럼에도 불구하고' 잘 걸어가고 있다.

훌륭한 변호사는 소송을 00다

변호사의 천국인 미국에서는 "굶주린 변호사는 배고픈 사자보다 무섭다"라는 말이 있습니다. 훗날 사자가 물러가고 나면 남는 것은 당사자의 심해진 상처입니다. 소송을 부추기는 변호사를 조심해야 하는 이유입니다.

한 번은 어떤 연로한 분이 저를 찾아오셨습니다. 사정을 들어 보니 본인의 자식들을 상대로 대여금 청구소송을 하려는 것이었습니다. 사실관계에서 여러 가지 마음에 걸리는 요소가 있었습니다. 그래서 당장 소송을 제기하겠다는 분께 여러 이유를 들며 소송은 신중하게 결정하는 게 좋겠다고 말씀드렸습니다. 하지만 의뢰인은 부득불 소송을 하겠다며 우겼습니다. 그래서 일단은 귀가하신 다음 2주일 뒤에 연락을 달라고 했습니다. 소송으로 인해 발생할 단점을 고지하고, 충분한 숙려 시간을 드림으로써 스스로 마음을 내려놓기를 기대했던 것입니다. 하지만 할아버지는 2주일 뒤에 칼같이 연락을 해서 소송하고 싶은 마음이 달라지지 않았다고 말씀하셨습니다. 저는 고민 중에, 사법연수원 생활 당시 한 교수님께서 하신 말씀이 문득 머릿속에 떠올랐습니다.

**"법에 정해진 절차를 밟게 해서, 자신의 의견을 법정에서
진술하는 기회를 주는 것도 사법 정의의 한 갈래이다."**

제가 미처 알지 못하는 깊은 속내에 억울함이 있을지 모르니, 일단 법에 마련한 절차는 밟게 하는 것이 낫겠다는 생각이 들었습니다. 그 대신 의뢰인 분에게는 저의 경험을 바탕으로 소송을 제기할 경우 예기되는 여러 가지 어려움과 구체적인 피해를 더 상세하게 설명해 드렸습니다. 하지만 마지막 순간까지 소송 의지를 굽히지 않아 진행하였던 기억이 납니다. 그러나 안타깝게도 고령의 의뢰인은 소송 진행 중에 세상을 떠나고 말았습니다. 황망한 소식을 들었을 때 '아, 괜한 소송 때문에 더 일찍, 더 불편하신 상태에서 돌아가신 게 아닐까' 하는 자책도 하였습니다. 하지만 법정에서 자신이 하고 싶었던 말씀은 다 하셨으니, 적어도 '할 말을 하지 못한' 아쉬움은 없으셨으리라고 생각해 봅니다.

마땅히 해야 할 소송이라면 피할 수 없습니다. 최선을 다해 준비하고, 또 승소해야 합니다. 그러나 소송은 절대 남발되거나, 남용되어서는 안 됩니다. 자칫하면 사회 전체의 효용을 크게 떨어뜨릴 수 있습니다. 소송이 남발하면 너도나도 불행해질 수 있습니다. 법을 다루는 변호사라면 이러한 지점을 정확하게 짚어 낼 수 있어야 합니다. 변호사의 이기심으로 남소를 진행해 의뢰인을 불행에 빠뜨리기보다는 소송을 진행할 사안과 진행하지 않아도 될 사안을 명확하게 분별하고, 경제적 관점으로도 소송을 얻을 수 있

는 이익과 잃을 수 있는 손실을 의뢰인에게 구체적으로 설명할 수 있어야 합니다. 이러한 점을 제시하지 못한 채 그저 '소송하자'라고 말하는 것은 무책임한 행동입니다. 이러한 조언까지 해줄 수 있는 변호사야말로 좋은 변호사가 아닐까 싶습니다.

5부

사람을 살리는 변호사

1 ———————— **절망의 자리에서 마주한
첫 번째 얼굴**

공익법무관으로 법률구조공단 안산출장소에 첫 발령을 받았을 때, 나는 변호사 사회 경험도, 인생 경험도 많지 않은 그저 자격증 하나를 이제 막 손에 쥔 서른 살 청년이었다. 안산으로 향하는 지하철 안에서 긴장과 설렘이 뒤섞인 채 앉아 있었다.

그곳에서 만난 사람들은 변호사를 선임할 여력이 없어서 법률구조공단을 찾은 체불임금 근로자, 범죄피해자, 취약계층 등이었다. 그들은 위축되어 있거나 공격적이거나 둘 중 하나였다.

그런데 신기한 경험을 했다. 그렇게 다가가기 힘들어 보이는 사람들인데, 몇 마디 나누고 법원을 동행하다 보면 어느덧 내게 귀를 기울이고 몸을 기대는 것이다. 그 연결의 고리는 법이라는 열쇠였다.

법률구조공단은 도와 줄 수 있는 사람들만 도와 준다. 국가 예산을 쓰는 기관이다 보니 해결방안이 없거나 여의치 않은 사건은 맡을 수 없기 때문이다. 그런 그들 눈에는 해법을 안내해 주는 내가 고마운 사람이고, 때로는 수호신으로까지 보이는 것 같았다.

솔직히 말하면, 내가 맡은 역할은 밥숟가락을 뜨는 것에 불과했다. 범죄피해자와 체불임금 근로자를 위한 제도적 장치는 이미 완비되어 있었고, 기초상담과 자료수집은 법률구조공단에 계신분들이 다 해놓은 상태였다. 차려 놓은 밥상에 숟가락만 얹는 일이었는데도 하면 할수록 감사와 칭찬을 받으니 신기했다.

이 시절 깨달은 것이 두 가지 있다. 변호사가 던지는 말 한마디, 서류 한 장, 선택하는 법리 하나가 그 사람의 삶을 흔들고 바꿀 수 있다는 것과 법조인은 결코 본인이 잘나서 대접받는 게 아니라는 것이다. 법제도는 선조들이 켜켜이 쌓아올린 결과물이다. 법조인 개개인은 밥상 옆에서 숟가락만 들고 노는 주제라는 것을 알고 겸손할 필요가 있다고 생각한다.

우리가 대충할 수 없는 이유

ESG는 '환경, 사회, 지배구조'를 뜻한다. 기업을 평가할 때 당장 돈을 버는 것 말고 비재무적 요소를 함께 고려하겠다는 최근의 흐름이다. 법무법인은 주식회사처럼 외부 재무평가를 받는 곳은 아니지만, 그 정신만큼은 다르지 않다. 의뢰인에게 실질적인 도움이 되는 결과를 내고, 그 신뢰 위에서 사무실도 함께 성장해 나가는 것, 이것이 법률 분야에서 생각할 수 있는 ESG 경영의 본질이다. 그러려면 단순히 열심히 하는 것으로는 부족하다. 전문성을 갖추고 제대로 해야 한다.

그런데 이 일에는 구조적인 딜레마가 있다. 법률서비스는 근본적으로 '결과를 내는 일'이다. 재판의 승소처럼 과정이 아니라 결과로 말해야 하는 직업이다. 변호사가 아무리 최선을 다해도 결과가 나쁘면, 그 열심은 의뢰인의 눈에 잘 보이지 않는다. 회생·파산 분야도 다르지 않다. 원하는 만큼의 결과가 나오지 않을 때, 대리인은 원망을 듣고 때로는 비난을 받는다.

여기에 또 하나의 문제가 겹친다. 의료나 법률 같은 전문 분야에서는 고객이 전문가의 일을 제대로 평가하기가 매우 어렵다. 변호사마다 사건을 바라보는 관점이나 일하는 방식이 다른데, 비전문가인 의뢰인 입장에서 무엇이 더 나은 방법인지를 판단하는 것은 거의 불가능에 가깝다. 몇 해 전, 재판에서 패소한 의뢰인이 상대방 변호사 사무실에 불을 지른 참사가 있었다. 그 비극의 배경에는 이런 구조적 문제가 깊이 자리하고 있다.

이 구조를 악용하는 경우도 없지 않다. 어차피 의뢰인은 잘 모르니, 광고로 수임만 늘리고 일은 대충처리하는 것이다. 결과가 좋으면 다행이고, 나쁘면 욕이나 한 번 듣고 넘어가면 그만이라는 계산이다. 단기적으로는 그것이 효율적인 방식처럼 보일 수 있다. 그러나 우리가 그렇게 할 수 없는 이유가 있다.

의뢰인은 변호사가 제대로 일하는지 알기 어렵지만, 그것을 아는 곳이 대한민국에 딱 하나 있다. 바로 법원이다. 판사, 법원실무관, 회생위원, 파산관재인, 이들은 어느 사무실이 성실하게 일하는지, 어느 곳이 무리하게 수임하고 무책임하게 처리하는지를 누구보다 잘 알고 있다. 한번 '대충하는 곳'이라는 낙인이 찍히면, 그 사무실이 접수하는 사건은 법원에서 더욱 엄격하게 들여다보게 된다. 판사나 회생위원과 의견을 나눌 때도 신뢰가 없는 대리인의 주장은 제대로 어필되기 어렵다. 그 피해는 결국 의뢰인에게 돌아간다.

나는 도산 관련 실무 단체의 임원으로도 활동하고 있다. 현장의 의견을 취합하거나 제기되는 문제의 개선을 건의할 수 있는 역할이다. 그 자리에서 한마디에 무게가 실리려면, 일상의 사건 하나하나를 대충 할 수가 없다. 직함이 책임을 만드는 것이 아니라, 책임 있는 실천이 그 자리의 무게를 만들기 때문이다. 결국 우리가 대충할 수 없는 이유는 외부의 감시 때문이 아니라 스스로가 자신의 일을 가장 잘 아는 사람이기 때문이다. 누가 보든 보지 않든,

'내가 이 사건을 진정으로 책임졌는가'라는 질문 앞에 정직하게 서는 것이 전문가로서 자신의 삶을 경영하는 방식이고, 우리가 매일 선택하는 기준이다.

작은 승리들이 만든 신념, 빛을 빚으로

물론 모든 사건이 승소로 끝난 것은 아니다. 최선을 다했지만 원했던 방향이 아니었던 경우도 있었고, 의뢰인이 기대한 결과에 미치지 못한 경우도 많았다. 그럼에도 내가 마음에 새기며 살아온 말이 있다. "적선지가필유여경(積善之家必有餘慶)"은 "선을 쌓은 집안에는 반드시 경사가 있다"는 뜻이다. 한 선배법조인에게 들은 이 말은 차차 내 커리어의 슬로건이 되었고, 우리 사무실의 이름이 되었다. 누가 보지 않아도 자신이 맡은 일을 묵묵하게 제대로 해내는 것, 그 자체로 의미가 있고 보람이 된다는 믿음이다.

나는 학창시절부터 변호사가 되고 싶었다. 법을 통해 선과 악이 분명히 나뉘고, 옳은 편에 서는 사람이 될 수 있을 것이라고 생각했다. '플러스'가 되는 일을 하고 싶었으나 변호사가 되어 접한 현실은 달랐다. 복잡한 세상 속에서 명확한 선도, 명확한 악도 없었다. 모두가 각자의 사정 속에서 피해자였고, 상대방은 가해자였다. 내가 맡는 일은 '정의'와는 거리가 있었고, '플러스'이지도 않았다.

그러다 도산 업무, 즉 회생파산사건을 접하기 시작했다. 이 일은 달랐다. 누군가를 '플러스'로 만들어 주지는 못하지만, 적어도 '마이너스'에서 '0'으로는 되돌려 놓는 일이었다. 빚이 사라지면 사람은 마치 빛을 다시 본 나무처럼 살아난다. 빚을 빛으로, 사람이 스스로 광합성을 할 수 있도록 끌어올리는 일이 내가 파산변호사로 깨달은 역할이다.

파산사건을 접한 초기에 무사히 면책을 받은 의뢰인이 말했다. "다시 숨 쉬고 살 수 있을 것 같습니다." 놀랍게도 나도 그 말에 다시 숨 쉬고 살 것 같았다. 변호사로서 지쳐 가던 때, 인간사에 대한 회의감이 밀려올 때, 나를 숨쉬게 하고 '플러스'로 끌어올린 것은 바로 의뢰인의 안도와 평안의 감정이었다.

이제 와서 돌이켜보면 내가 잘 한 것은 법을 잘 알고 활용한 일이 아니라 사람이 어떤 상태에 있는지를 먼저 이해하려 했던 태도였다. 상담실에 앉은 사람들은 해결책보다 먼저 자신의 이야기가 온전히 전해지고 있다는 느낌을 필요로 했다. 의뢰인들을 보채지 않고 천천히 이해하려 했던 태도야말로 내게 주어진 진정한 달란트였는지 모른다. 그 달란트 덕분에 의뢰인들과 긴 여정을 함께 걷고, 그 길에서 다시 일어설 힘을 찾는 사람들을 보게 된다.

나는 회생변호사가 되고 나서야 비로소 어린 시절 내가 꿈꾸던 다시 삶을 전하는 변호사, 절망에 빠진 사람들에게 희망을 전하는 변호사가 되었다.

그리고 시간이 지나면서 알게 된 것이 하나 더 있다. 사람을 지키는 일은 혼자서는 할 수 없다는 것을 말이다. 감당하기 버거운 사건들이 늘어가고, 한 사람의 손이 닿을 수 있는 범위는 분명히 한계가 있다. 그렇게 나는 같은 마음으로 의뢰인을 대하고, 같은 방향을 바라보는 동료들과 함께하면서 불가능했던 일들이 가능해졌다.

그 과정에서 또 하나의 변화를 보았다. 회생과 파산의 과정을 지나온 사람들이 서로의 경험을 나누기 시작한 것이었다. 커뮤니티 안에서 그들은 자신의 아픔을 숨기지 않았고, 누군가의 실패를 판단하지도 않았다. 그저 서로의 이야기에 귀 기울이고, 조용히 응원했다. 법률적 절차로는 채울 수 없었던 마음의 빈자리가 그 안에서 조금씩 회복되는 것이 보였다. 내 인생의 퀀텀점프는 사건이 아니라 언제나 사람이 만들어 주었다.

2 ──────   **코인 채무
상담 사절**

　회생을 신청하는 채무의 유형 중 가상화폐와 주식 관련 채무 비중이 점점 늘고 있다. 코인이 오르고, 주식이 달아오르고, 주변에서 돈을 벌었다는 이야기가 들려오면 사람들은 움직인다. 그러나 아무리 불장에서도 잃는 사람은 잃는다. 현금을 소진하고, 대출금마저 탕진하면 갈 곳은 한 곳, 회생법원뿐이다.

　서울회생법원이 주식 또는 가상화폐에 투자하여 발생한 손실금을 청산가치에 반영하지 않기로 하는 실무준칙을 발표하면서 이런 유형의 채무자들은 더 늘었다. 실무준칙 개정은 물론 좋은 취지였다. 채무 발생 원인이 무엇이든 과중 채무자의 해소는 필요한 것이다. 법원에서 차별을 없앤다 하니 나도 적극적으로 상담에 임했다. 그런데 상담을 할수록 낯설게 다가오는 지점이 있었다. 그것은 바로 코인 채무자들이 기존의 파산 채무자들과 사뭇 다르다는 점이다.

이들은 오랫동안 빚에 짓눌려 살다가 겨우 용기를 낸 것도 아니고, 생활고에 시달리다 도저히 방법이 없어서 찾아오는 것도 아니다. 코인을 하다 돈을 잃었고, 별안간 빚까지 생겼는데, 회생을 하면 빚을 없앨 수 있더라는 이야기를 듣고 온 사람들이다.

상담을 해보면 금방 드러난다. 이들은 과정에는 관심이 없이 모든 것을 결과 그리고 숫자로 본다. 본인이 얼마나 탕감을 받을 것인지, 탕감을 받을 확률은 얼마인지, 수임료는 얼마고 몇 번까지 분납을 받아 주는지 등 회생도 베팅을 하듯이 접근한다. 극단적으로 말하면 이들은 갱생에 별 관심이 없어 보였다. 반성도 없고, 이 제도가 왜 존재하는지에 대한 이해도 없어 보였다.

어디서는 40%만 갚으면 된다고 했다, 어디서는 절반 이상 탕감받는다고 했다는 말을 듣고 온다. 그 말을 한 곳이 어떻게 책임을 지는지는 묻지 않는다. 나중에 결과가 다르게 나와도 그 사무실이 더 해줄 것도 없고, 채무자가 할 수 있는 것도 없다.

이런 상담을 거듭하니 자꾸만 공허해졌다. 누군가의 도움이 절실하고 실행할 의지가 있는 사람을 만나고 싶어졌다. 이때가 유튜브채널에 "비트코인 채무 상담 사절합니다"라는 제목의 영상을 올린 때이다.

도산제도는 하늘에서 하루아침에 떨어진 것이 아니다. 수십 년에 걸쳐 전문가들이 노력하고, 사례가 쌓이고, 회생법원 판사들과 관계자들이 고민하면서 지금에 이른 것이다. 이 제도는 진짜 어려운 사람들을 살리기 위해 존재한다. 도저히 방법이 없는 사람들, 빚에서 헤어나지 못하는 사람들에게 죽지 말고 살라고 만든 제도이다.

그런데 이 소중한 제도가 투기 실패의 탈출구로 반복적으로 사용되면 문이 닫힌다. 법원이 기준을 높이고, 면책을 까다롭게 따지게 된다. 그 피해는 정작 이 제도가 절실히 필요한 사람들에게 돌아간다.

사행성 채무자들을 보며 때로는 혼란스럽다. 사회 전체가 도파민에 중독된 것 같다는 생각이 들기도 한다. 코인이 오르고, 주식이 달아오르고, 그 흥분 속에서 사람들이 무너진다. 그것이 온전히 개인의 잘못인가, 시대의 흐름인가, 쉽게 단정 짓기 어렵다.

다만 확실한 것은 적어도 면책의 관점에서 기회는 사실상 한 번이라는 것이다. 두 번째 회생에서는 금지명령부터 제동이 걸리고 엄격한 심사는 덤이다.

사행성 채무가 있다고 회생이 불가능하지는 않다. 법원에서도 한 번의 실수는 인정하고, 다시는 같은 길을 걷지 않겠다는 의지를 가진 사람에게 충분한 기회를 준다. 다만 그 기회는 단 한 번뿐이다. 그 소중한 기회를 허비하는 것은 곤란하다. 면책을 받더라도 각오가 없는 사람은 결국 같은 자리로 돌아간다.

욕심을 내려놓을 용기가 있는 사람, 다시는 같은 실수를 하지 않겠다고 마음을 먹은 사람에게 이 제도는 얼마든지 열려 있다. 그런 사람들을 계속 만나고 싶다.

혹 떼려다 혹 붙이는 수임료 대출의 함정

개인회생 상담을 받으러 오는 분들은 대부분 이미 삶의 균형이 무너진 상태에 가까운 경우가 많다. 카드 대금은 밀려 있고, 대출은 연체 직전에 놓여 있으며, 하루하루를 버티는 것 자체가 버거운 상황이다. 그런 상태에서 상담실에 앉게 되면 사람은 자연스럽게 하나의 기대를 갖게 된다. 지금 이 상황에서 벗어날 수 있는 방법이 있을까 하는 기대이다. 그런데 상담 과정에서 종종 이런 말을 듣게 된다. "수임료가 부담되시면 대출로 진행하실 수 있습니다." 이 말은 당장 돈이 없는 사람에게 굉장히 매력적으로 들린다. 아무것도 할 수 없던 상황에서 지금 바로 시작할 수 있다는 가능성을 제시해 주기 때문이다. 막혀 있던 길이 열리는 느낌을 주기도 한다. 그래서 많은 사람들이 이 제안을 도와 주려는 배려로 받아들인다.

하지만 이 제안은 반드시 한 번 더 생각해 볼 필요가 있다. 수임료 대출은 과연 채무자를 위한 구조일까, 아니면 사무실의 수익을 위한 구조일까. 겉으로 보면 돈이 없어도 절차를 진행할 수 있도록 도와 주는 것처럼 보이지만 구조를 조금만 들여다보면 전혀 다른 그림이 드러난다. 수임료 대출은 결국 새로운 채무를 만드는 행위이다. 개인회생은 기존 채무를 정리하는 절차인데, 그 시작점에서 다시 빚을 하나 더 얹는 셈이 된다. 이미 빚 때문에 무너진 상태에서 또 하나의 빚을 추가하는 것이 과연 합리적인 선택인지 생각해 볼 필요가 있다. 이때 많은 사람들이 "어차피 회생하면 다 정리되는 것 아닌가요?"라고 묻는다. 그러나 바로 이 지점이 가장 위험한 오해이다.

개인회생 절차에서 모든 채무가 자동으로 면책되는 것은 아니다. 특히 회생 직전에 발생한 채무는 문제가 될 가능성이 높다. 수임료 대출은 바로 그 시점에 발생하는 채무이다. 더 큰 문제는 이 대출이 회생 채권 목록에 포함되지 않는 경우도 있다는 점이다. 채권자 목록을 작성하는 것은 결국 대리인 사무실이고, 그 과정에서 자신들과 관련된 채권을 제외시키는 구조가 만들어지기도 한다. 그렇게 되면 회생 절차를 통해 기존 채무는 조정되거나 면책되더라도 수임료 대출은 그대로 남게 된다. 결국 의뢰인은 회생을 진행하면서도 또 다른 채무를 따로 갚아야 하는 상황에 놓이게 된다. 빚을 줄이기 위해 시작한 절차가 오히려 새로운 부담을 만들어 내는 셈이다.

이 과정에서 더 중요한 문제는 변호사의 위치가 바뀐다는 점이다. 개인회생 사건에서 변호사는 의뢰인을 보호하는 사람이어야 한다. 그러나 수임료 대출 구조에서는 그 관계가 뒤틀린다. 변호사는 의뢰인을 돕는 조력자이면서 동시에 자신의 수임료를 회수해야 하는 채권자의 위치를 함께 갖게 된다. 이미 경제적으로 무너진 상태에 있는 의뢰인에게 또 다른 상환 압박이 가해지는 구조가 만들어지는 것이다. 회생 절차는 원래 채무자의 부담을 줄이기 위한 제도인데, 오히려 부담이 하나 더 늘어나는 결과로 이어질 수 있다. 그래서 이러한 방식은 단순한 영업 방식의 차이가 아니라 변호사의 성실의무 위반으로 판단되어 징계까지 이루어지는 경우도 있다.

사실 개인회생은 원래 돈이 없어도 시작할 수 있는 구조를 가지고 있다. 많은 사람들이 돈이 없어서 회생을 하지 못한다고 생각하지만, 실제로는 그렇지 않다. 개인회생을 신청하면 법원에서 금지명령이 내려지고, 이 명령이 내려지면 기존 채무에 대한 상환을 일시적으로 멈출 수 있다. 그동안 매달 나가던 원리금 상환이 멈추면서 일정한 여유 자금이 생기게 된다. 그리고 약 3개월 정도 이후부터 변제금 납부가 시작되기 때문에 그 사이의 기간 동안 수임료와 비용을 나누어 납부하는 것이 일반적인 방식이다. 즉 새로운 대출을 받지 않아도 절차를 충분히 진행할 수 있는 구조가 이미 마련되어 있다.

따라서 상담을 받을 때 반드시 확인해야 할 기준이 하나 있다. 설명보다 먼저 대출 이야기가 나오는가 하는 점이다. 정상적인 상담이라면 먼저 현재 상황을 분석하고 가능한 절차와 방향을 설명하는 것이 우선이다. 그 다음에 비용 문제를 현실적으로 어떻게 해결할지 논의하는 것이 맞다. 그런데 상담 초반부터 대출을 전제로 이야기가 시작된다면, 그 사무실의 방향성을 의심해 봐야 한다. 개인회생은 새로운 대출을 받는 절차가 아니라 이미 감당할 수 없게 된 빚을 정리하고 다시 시작하기 위한 제도이다. 그 출발점에서 또 하나의 빚을 만드는 선택은 결코 가볍게 넘길 수 있는 문제가 아니다.

상담에서 가장 먼저 나와야 할 이야기는 대출이 아니라 지금 상황에서 가능한 현실적인 해결 방안이어야 한다. 그 기준 하나만 분명히 잡아도 잘못된 선택을 피할 수 있다. 개인회생은 빚을 더 하는 과정이 아니라, 빚을 줄여 나가는 과정이기 때문이다.

3 ————— **이기는 사람은 구조를
내 편으로 만든다**

한국 사회는 근성, 끈기, 정신력, 인내, 열정과 같은 의지를 좋아한다. 우리는 실패한 사람에게 이렇게 말한다. "마음을 굳게 먹어라." "의지가 약해서 그렇다." "정신력으로 버텨라." 이 말들은 겉으로는 격려처럼 들리지만, 실제로는 개인에게 책임을 전가하는 방식이다. 실패는 의지 부족의 결과가 되고, 실패한 사람은 자기 자신을 탓할 수밖에 없다.

그러나 내가 본 수많은 사례가 보여 준 진실은 하나였다. 회복은 의지보다 환경에 의해 결정된다는 것이다.

의지는 기능이다. 기능은 조건 아래에서만 작동한다. 배가 고픈 사람에게 참으라고 하면 얼마나 버틸 수 있을까. 통장에 10만 원밖에 없는 사람에게 투자하지 말라고 하면 그 조언이 얼마나 효과가 있을까. 의지는 환경이 받쳐 줄 때만 작동한다. 그럼에도 우리는 얼음 위에서 넘어지는 사람에게 '의지로 버텨라'고 말한다.

도산 절차는 환경을 바꾸어 준다. 추심을 멈추고, 압류를 막고, 이자를 제한하고, 채무를 조정하고, 시간을 만들어 주고, 당신과 당신 가족의 생계를 보호한다. 환경이 바뀌면 사람의 생리적 반응부터 달라진다. 잠을 자고, 숨을 쉬고, 식사를 하고, 일을 하고, 생각을 한다. 모든 일상이 정리되기 시작한다.

연체가 계속 쌓이고 있는데 마음을 다독인다고 해결되지는 않는다. 감정을 다루는 것이지 상태를 바꾸는 것이 아니기 때문이다. 반대로 경제를 정리하면 구조가 열리고, 구조가 열리면 감정이 회복된다. 그래서 나는 상담에서 감정을 달래기 이전에 먼저 경제적 정리와 법적 선택지를 보여 준다. 위로로만 끝나게 두지 않는다. 연체가 끝나지 않는 한 감정은 다시 무너질 수밖에 없기 때문이다.

한 의뢰인이 이렇게 말했다. "이제는 마음이 아니라, 삶에서 희망이 보입니다." 희망이 감정에서 나오는 것이 아니라 현실에서 나올 수 있다는 것을 보여 주는 말이었다. 채무 구조가 정리되고, 예측 가능한 생활이 가능해질 때 사람은 비로소 판단력을 회복한다. 그 후에야 의지가 의미를 갖는다.

그렇다면 회생 절차를 끝까지 통과하고, 이후의 삶까지 안정적으로 이어가는 사람들에게는 어떤 공통점이 있을까? 이들은 특별히 강한 사람이어서 회복한 것이 아니다. 다만 회생이라는 제도를 어떤 태도로 통과했는지가 달랐다. 나는 여러 사건들을 지켜보며 결과를 가르는 반복적인 패턴을 확인하게 되었다.

첫째, 과거를 반복해서 비난하지 않는다. 많은 사람들은 그때 왜 그런 결정을 했는지를 끝없이 설명하려 한다. 그러나 회생으로 이어지는 사람들은 그 지점에 오래 머물지 않는다. 과거의 판단이 옳았는지 아닌지는 회생 절차에서 중요한 기준이 아니다. 회생은 과거를 심판하는 제도가 아니라 현재를 기준으로 다시 설계하는 제도이다. 과거에 묶여 있는 사람은 회생을 통과하지 못하고, 현재로 돌아온 사람만이 다음 단계로 나아간다.

둘째, 현재의 한계를 인정한다. 소득이 줄었음에도 소비 구조를 그대로 두거나, 언젠가 나아질 것이라는 기대를 계획에 반영하려는 사람들이 있다. 그러나 회생 이후 안정적으로 정착하는 사람들은 다르다. 지금 가능한 범위와 불가능한 범위를 명확히 구분한다. 당장의 불편을 받아들이고, 감당할 수 없는 지출을 구조에서 제거한다. 회생은 희망을 전제로 설계되는 절차가 아니라 제약을 전제로 성립되는 제도이다. 이 한계를 인정할 수 있는 사람이 회생 이후에도 흔들리지 않는다.

셋째, 혼자 결정하지 않는다. 회생 과정은 생각보다 많은 판단을 요구한다. 회복으로 이어지는 사람들은 이 선택들을 혼자 떠안지 않는다. 자신의 판단이 언제든 왜곡될 수 있다는 사실을 인정하고 전문가의 도움을 적극적으로 활용한다. 반대로 끝까지 혼자 버티려는 사람들은 판단의 무게를 혼자 감당하다가 결국 더 늦은 시점에서 더 불리한 선택을 하게 된다.

이 세 가지는 특별한 능력이 아니다. 현실적인 기준을 받아들이고, 감정이 아니라 구조로 문제를 바라봤기 때문에 가능한 선택들이다. 혼자 해결하려는 태도를 내려놓고, 도움을 요청하는 순간, 회생은 제도로서 작동하기 시작한다.

4   AI 시대,
변호사는 살아남을 수 있을까

최근 유튜브를 보다가 인공지능에 대체될 직업을 다룬 영상을 보게 되었다. 변호사가 대체 가능 직업 상위에 포함되어 있다는 이야기는 요즘 더 자주 들려온다. 실제로 "인공지능이 변호사를 대체할 수 있다고 보는데, 어떻게 생각하세요?"라는 질문을 받기도 한다.

2026년 새해가 되어 일론 머스크의 인터뷰가 주목을 받았다. 그는 2030년 무렵에는 인공지능이 전 인류의 지능을 합친 것보다 더 뛰어난 수준에 이를 것이라고 전망했다. 법률 자문 역시 예외는 아니어서, 인간 변호사보다 인공지능이 더 정확하고 효율적으로 판단하게 될 것이라는 말도 덧붙였다.

솔직히 말해 위협이 아니라고 할 수는 없다. 이미 법률 검색이나 문서 작성처럼 정형화된 영역에서는 인공지능이 인간보다 빠르고 정확한 결과를 내놓고 있다. 그러나 '이 직업이 곧 사라질 것인가?'라는 질문에는 고개를 젓게 된다. 현장에서 마주한 사건의 중심에는 언제나 사람이 있었기 때문이다. 법은 데이터를 다루지만, 도산은 삶을 다룬다. 그 차이는 기술로 완전히 대체되기 어렵다고 생각한다.

화이트컬러 직종이 가장 먼저 대체될 것이라는 전망은 이제 낯설지 않다. 인공지능과 자동화 기술은 일반 사무직과 생산직을 넘어 전문직 영역까지 빠르게 침투하고 있다. 법률 영역 역시 효율과 속도를 기준으로 보면, 많은 업무가 이미 기술로 대체 가능해 보인다. 지금도 화려한 광고와 그럴듯한 기술을 앞세운 법률 서비스들이 넘쳐 난다. 몇 번의 클릭만으로 문제를 해결해 줄 것처럼 보이는 화면들 속에서 정작 설명되지 않는 영역이 있다는 생각이 들 때가 많다.

파산 전문 변호사는 전체 변호사 가운데 극히 일부에 불과하다. 수익성이 높지 않고, 감정노동의 비중이 크며, 일정 규모 이상으로 확장하지 않으면 유지 자체가 쉽지 않기 때문이다. 효율과 자동화를 기준으로 보면, 가장 먼저 사라질 것처럼 보이는 영역이기도 하다.

이 분야에서 오래 일하다 보면, 업무 자체보다 업무를 둘러싼 환경이 더 큰 부담으로 다가오는 순간들이 있다. 인력 관리의 어려움, 과장된 정보가 난무하는 시장과 또 그런 정보에 쉽게 현혹

되는 채무자들, 수임료를 제대로 받기 어려운 처지의 의뢰인들 등 이런 환경 속에서 정석대로 일하는 방식이 상대적으로 불리해 보일 때도 있다. 그럼에도 불구하고 이 일을 놓지 않은 이유는 분명하다. '법은 누구를 위해 존재하고, 제도는 사람을 얼마나 보호할 수 있는가. 그리고 변호사는 무엇을 해야 하는가'라는 질문 때문이다.

법률가는 일차적으로 사건을 채무 규모, 채권의 종류, 연체 유무, 수입, 보유자산의 유형과 가액과 같은 수치로 판단한다. 이런 정보들은 절차를 진행하는 데 필수적이다. 그러나 수치만으로는 온전히 설명되지 않는 것들이 결과에 반영된다. 처한 상황이나 진행 여건이 거의 같은 사건임에도 어떤 사람은 절차 이후 다시 무너지고, 어떤 사람은 버텨내고 상승한다. 그 차이는 수치에 있지 않다.

가족과의 관계, 현재의 생활 구조, 불안을 다루는 방식은 서류에 남지 않는다. 그러나 상담실에서는 지금 이 사람이 현실을 감당할 수 있는 상태인지, 판단을 미루고 있는지, 아니면 회피하고 있는지와 같은 요소들이 이후의 방향을 결정짓는 핵심 변수가 된다. 같은 절차라도 접근 방식이 달라져야 하는 이유이다.

내가 중요하게 여기는 것은 법을 정확히 적용하는 일보다 그 사람이 다시 판단할 수 있는 상태로 돌아오도록 돕는 일이다. 사람은 실패 때문에 무너지지 않고, 실패 속에서 혼자가 되었을 때 무너진다. 상담실에서 내가 더 자주 마주하는 존재는 실패한 사람이 아니라 고립된 사람이다.

변호사라는 직업이 내게 던진 질문은 결국 하나로 정리된다.

'사람을 어떤 시선으로 바라볼 것인가?'

지금 무너져 있다고 해서 그 사람이 무너진 사람은 아니라 회복의 한 지점에 서 있는 사람이다. 법률가는 법을 다루지만 도산 법률가는 사람을 다룬다. 사람을 이해하지 못하는 법률은 결국 누구도 살리지 못한다.

5 ────── **의뢰인과 변호사도
팀워크가 중요하다**

　도움을 구하는 일은 많은 사람에게 가장 어려운 선택이다. 문제를 스스로 해결하지 못했다는 인정처럼 느껴지기 때문이다. 특히 가족의 일일수록 그 망설임은 더 커진다. 가족을 지켜야 한다는 책임감이 클수록 외부의 개입을 허락하는 일은 더 늦어지고, 그 사이 문제는 조용히 더 깊어진다.

　개인회생 절차를 함께 진행했던 한 의뢰인이 있었다. 어머니와 함께 각각 개인회생 절차를 밟았던 분으로, 이미 제도와 전문가의 개입이 어떤 차이를 만드는지 몸으로 경험한 사람이었다. 그 인연으로 또 다른 사건을 맡게 되었다. 이번에는 의뢰인 본인의 문제가 아니라 가족의 일이었다. 고령의 할아버지가 교통사고에 연루되었고, 상황은 단순한 보험처리나 민사분쟁을 넘어 형사절차로 이어질 가능성이 있는 상태였다.

　가족들은 무엇이 위험한 선택인지, 어디까지가 아직 통제 가능한 상황인지 판단할 기준이 없었다. 문제를 과소평가한 채 시간을 흘려보내는 선택과 막연한 공포 속에서 성급하게 움직이는 선택 사이에서 갈팡질팡하고 있었다.

그러나 의뢰인은 혼자 판단하지 않았다. 이미 한 번 도움을 미루는 선택이 얼마나 큰 비용으로 돌아오는지를 경험한 사람이었기 때문이다. 그래서 이번에는 망설이지도, 숨기지 않고, 상황을 있는 그대로 털어놓았다.

나는 마침 당일에 다른 일정이 없었던 터라 홍성까지 내려가 사건의 초기 단계부터 개입할 수 있었다. 이 사건이 반드시 기소유예로 정리되어야 하는 이유가 있었다. 할아버지와 할머니는 고개를 넘어야만 마을과 연결되는 지역에 거주하고 있었다. 운전면허를 잃는다는 것은 단순히 불편한 정도가 아니라 병원 진료, 장보기, 외부와의 교류 등 기본적인 생활 자체가 어려워지는 문제였다.

세상과의 연결이 끊어지는 순간에 고령자들의 생활과 건강 상태는 급격히 나빠질 수 있기 때문에 노부부의 삶의 기반이 흔들리는 문제였다.

목표가 명확했기 때문에 방향도 명확했다. 형사 사건에서는 사실관계 자체보다 그 사실이 어떤 언어로 정리되어 있는가에 결과가 더 큰 영향을 미치는 경우가 많다. 초기 진술 중에는 실제 상황과 다소 어긋나거나 맥락 없이 기재된 표현들이 있었고, 이런 표현들은 사건의 성격을 불필요하게 무겁게 만들 수 있었다. 나는 사건의 맥락을 다시 정리하고, 수사관이 사건을 바라보는 관점을 조정하는 과정을 함께했다. 단순한 절차 대행이 아니라 결과를 향한 방향 설정이었다.

결과적으로 이 사건은 기소유예 처분으로 마무리되었다. 이후 의뢰인은 할아버님을 모시고 고령운전자 교육을 수료한 후 운전면허 학원을 등록하러 간다는 소식을 전해 왔다.

사건이 마무리된 뒤 의뢰인과 그의 가족이 감사의 글을 남겼다. 그 글은 단순한 인사말이 아니라, 혼자 버티지 않아도 되었던 선택에 대한 뒤늦은 이해에 가까웠다. 만약 이 사건을 가족 내부의 판단만으로 끌고 갔다면 결과는 전혀 달라졌을지도 모른다.

회생 사건이든, 형사 사건이든 결과를 좌우하는 것은 목표를 정확히 공유하고 같은 방향을 바라보는 의뢰인과 변호사의 합이다. 의뢰인은 상황을 숨기지 않았고, 변호사는 현실적인 가능성과 위험을 있는 그대로 설명했다. 이 합이 있었기 때문에 사건은 불필요하게 확대되지 않았고, 가장 필요한 결과를 향해 정리될 수 있었다.

도움을 구하는 것은 책임을 회피하는 행위가 아니다. 오히려 문제를 더 키우지 않겠다는 가장 적극적인 책임의 표현이다. 혼자가 아닌 상태는 무너져도 다시 일어설 수 있는 조건을 남긴다. 그 결정 하나가 한 사람의 사건을 넘어 한 가족의 삶을 지켜 낸다.

6 ———————

답이 없는 것도
답이다

회생·파산 일을 하다 보면 가끔 이런 말을 해야 할 때가 있다.

"해결책이 보이지 않습니다."

이 말을 듣고 화를 내는 사람도 있다. 충분히 이해가 된다. 희망을 품고 찾아왔다가 절망을 안고 돌아가야 하니, 받아들이기가 더 어려울 것이다.

어떤 사람은 상담이 아무 도움이 안 되었으니 상담비를 돌려달라고 하기도 한다. 변호사 연차가 짧을 때는 어쩔 줄 몰라 쩔쩔매며, 내 역량이나 경험이 부족하기 때문이라고 자책하기도 했다.

민사소송은 기존 법리, 판례, 법령을 기초로 결론을 도출한다. 결과가 어느 정도 예측된다. 변호사가 실력을 펼칠 수 있는 폭도 자연히 좁아진다.

그런데 회생·파산은 다르다. 법에는 기초적인 것 위주로 규정되어 있고, 법의 내용과 다른 실무도 존재한다. 게다가 열렬히 발전하고 있는 법이다. 사업·경제 분야와 친하다 보니 기존 판례가 예측하지 못한 영역도 계속 생겨난다. 그래서 도산절차는 창의적이다. 머리를 맞대다 보면 '유레카'를 외치는 일이 비교적 잦은 분야이다. 기본 법리에 대한 이해만큼, 아니 그 이상으로 새로운 시도를 하는 열정과 배짱이 중요하다.

하지만 창의적인 분야라고 해도 한계는 있다. 채무가 비면책 대상임이 너무도 명확한 사안, 어떻게 해도 계속 기업가치가 나올 수 없는 회사 등 아무리 머리를 짜내도 도무지 해법이 보이지 않는 경우가 있다.

간절한 표정으로 답변을 기다리는 의뢰인에게 아무런 방안이 없다는 말을 건네는 일은 변호사로서 피하고 싶은 순간이다. 그렇지만 빚을 해결할 수 없더라도 인생은 끝나지 않는다. 빚이 남더라도 사람은 살아간다. 어떻게든 살게 되어 있다. 법적인 해결책이 없다는 결론에 도달했다는 것 자체가 모든 가능성을 탐색해봤다는 것이라는 의미가 있다. 그 과정을 거치고 나면, 비로소 다음 질문을 할 수 있게 된다.

'이 상황을 받아들이고서, 앞으로 할 수 있는 것은 무엇인가.'

이것이 앞으로 나아가는 방식이다. 과거를 보내고 현재와 맞서서 미래를 맞이하는 장면이다. 삶을 살아가는 데에는 정답이 없지 않은가.

누군가 '누덕누덕 기워가며 사는 것이 인생'이라고 했다. 법으로 말끔하게 해결되는 인생은 없고 말끔하게 해결되지 않아도, 인생은 계속된다. 답이 없는 것, 그 또한 답이 되는 이유이다.

**변호사 중 단 1%,
도산전문변호사**

7 ———————

대한민국 변호사의 수는 2025년에 4만 명을 넘어섰다. 매년 1,700명 정도가 새로 변호사가 되니, 2026년을 기준으로 하면 약 4만 2,000명의 변호사가 활동하고 있는 셈이다. 내 변호사 등록번호가 14,692번이니 변호사 생활 15년여 만에 동료가 3배로 늘어났다. 정말 변호사가 넘쳐나는 시대이다.

그런데 역설적이게도, 회생·파산을 해야 하는 의뢰인 입장에서는 제대로 된 변호사를 만나기 어렵다고 한다. 변호사는 많은데 도산전문변호사는 왜 찾기 힘든 것일까. 일단 그 수가 적다.

대한변호사협회에 공식 등록된 도산전문변호사는 2026년 3월 현재 483명이다. 4만 2,000명 중 483명, 전체 변호사의 1% 수준이다. 대한변협에 도산전문변호사로 등록하려면 신청일을 기준으로 3년 이내에 회생·파산 사건을 30건 이상 수행해야 하고, 관련 교육이나 강의를 14시간 이상 이수해야 한다.

도산전문변호사가 적은 가장 본질적인 이유는, 변호사가 될 때까지 도산법을 전혀 배우지 않는다는 점이다. 로스쿨 제도가 도입되기 전, 법학부가 있던 시절에는 도산법 강좌가 있었다. 사법연수원에서도 선택 과목이나마 도산법 수업이 있었다. 그러나 법조인 양성 시스템이 법학전문대학원으로 바뀌고 나서는 도산법 수업이 사라졌다. 3년이라는 짧은 기간 동안 변호사 시험에 출제되지 않는 과목을 수강하기를 기대하기는 어렵다.

배우지 않고 변호사가 되니 실무에서 익혀야 한다. 그런데 도산법은 너무도 특수하다. 'Pacta sunt servanda', 계약은 지켜져야 한다. 법조인이라면 몸에 배어 있는 이 원칙에 익숙한 사람에게, 계약상 의무를 거절하고 채무가 면책되는 법리는 너무나 생소하다.

게다가 내용도 방대해서 채무자회생법은 660조에 달한다. 우리나라 법 중에는 이를 넘어서는 것은 민법과 상법 정도뿐이다. 그렇다고 법을 공부한다고 해결되는 것도 아니다. 도산 분야는 살아 움직이는 경제 현장을 다루는 법이다 보니 계속 발전하고, 법이론과 실무가 다른 부분도 유독 많다. 공부해서 될 수 있는 것이 아니라 부딪혀야 알 수 있는 영역이다.

"변호사님은 왜 도산전문변호사를 선택하셨나요?"

내가 종종 받는 질문이다. 처음에는 선뜻 대답하지 못했다. 사실 나는 선택을 한 것이 아니기 때문이다. 대한민국이라는 초경쟁

사회에서 어떤 분야를 선택할 자유는 상위 0.1% 정도 되는 사람이라면 모를까, 대부분에게는 주어지지 않는다. 다만 누구에게나 주어지는 자유가 있다면 바로 어떤 일이 주어졌을 때 그것을 계속할지 말지를 결정하는 자유이다.

나는 공익법무관 3년, 로펌 소속 어소시에이트 변호사로 3년을 보낸 뒤 개업했다. 개업 후에는 생존을 위해 더 가리지 않고 일했고, 다양한 분야의 일을 접했다. 하지만 그중 유독 보람을 느끼고 애착이 생기는 일이 있었다. 바로 도산이었다.

회생·파산 사건을 통해 학창시절 꿈꾸던 그 변호사의 느낌, 일을 통해 의뢰인에게 실질적인 도움을 주고 나 스스로도 보람을 찾는 느낌을 비로소 느꼈다. 그렇게 이 일을 계속하다 보니 도산전문변호사가 되었다.

왜 도산변호사가 늘지 않느냐를 계속 이어서 말하자면, 이 일은 후배 양성이 힘들다. 의뢰인은 가난하고 예민하기 때문에 일단 벌이가 크게 되지 않는다. 상담은 길게 해야 하고, 서류를 챙기는 것부터 숫자 계산까지 기술적인 업무가 많다. 멋진 변론으로 승소판결의 짜릿함을 꿈꿨던 신입변호사들에게 매력을 주기 어렵다.

회생·파산 업무는 잔손이 많이 간다는 현실적인 문제도 있다. 직원의 도움 없이는 사무실이 돌아가지 않을 정도이다. 그런데 변호사들은 대체로 모범생이다. 혼자 일하고, 평가받고, 성과 내기를 좋아하는 경향이 있다. 많은 사람들과 부대끼며 일하는 것을 즐기지 않는다. 도산 업무를 의욕적으로 시작했다가 직원과의 갈등이나 트레이닝 실패 등 다양한 요인으로 결국 포기하는 변호사들이 많은 이유이다.

현실이 이러하다 보니 나도 다른 변호사의 도움을 받지 않고 혼자 일한다. 낮에는 이메일을 확인하고, 상담을 하고, 직원이 작성한 서류 초안을 검토하고, 밤에는 긴 호흡의 서면을 쓰는 삶의 반복이다. 가끔은 이런 패턴이 지겨울 때도 있지만, 이내 나만의 루틴으로 극복한다. 사람은 땅에 발을 딛고 살아야 한다. 그리고 약간 심심한 듯이 살아야 단단해진다고 생각한다.

이는 나만의 이야기가 아니다. 도산 일을 더 오래, 열심히 해오신 업계 선배들의 공통된 모습이다. 남의 인생에서 가장 불안한 페이지를 함께 넘겨 주는 사람, 바로 도산변호사들이다.

8 ——— 말은 제주도로,
채무자는 서울로

"말은 제주도로 보내고 사람은 서울로 보내라."

오래된 속담이다. 말은 제주도 넓은 초원에서 길러야 잘 자라고, 사람은 서울에서 배워야 크게 된다는 뜻이다. 그런데 이 속담이 회생·파산 이야기를 할 때 자꾸 떠오른다. 채무자가 회생·파산을 할 때 서울로 가야 유리하기 때문이다.

회생·파산 사건은 전국의 법원에서 진행된다. 서울, 대전, 대구, 부산, 광주, 수원, 인천, 의정부, 춘천, 청주, 전주, 제주 등 전국 각지의 지방법원에서 사건을 받는다. 그런데 서울에는 다른 것이 있다. 2017년 3월, 전국 최초로 회생특별법원인 서울회생법원이 문을 열었다.

서울회생법원은 사건처리 속도부터 달랐다. 금지명령은 대부분 일주일 안에 나왔고, 접수 후 두세 달이면 개시 결정이 났다. 복잡하지 않은 파산 사건은 6개월이면 면책까지 완료됐다.

내용도 달랐다. 배우자 재산을 원칙적으로 청산가치에 반영하지 않는 실무준칙을 전국 최초로 만들었다. 그전까지는 회생이나 파산을 신청하면 배우자 재산의 절반을 내놔야 했다. 이 때문에 정작 도움이 필요한 분들이 신청을 포기하거나, 신청해도 면책을 받지 못하는 경우가 많았다. 주거비, 미성년자 교육비, 의료비를 생계비에 산입하는 기준도 만들었다. 코인이나 주식 투자 손실금을 청산가치에 반영하지 않는 실무준칙도 전국 최초였다. 서울회생법원은 이 제도를 이용하는 사람들에게 실질적으로 도움이 될 방향을 꾸준히 연구하고, 그 결과를 내어 왔다. 문제는 그 결과가 다른 법원까지 미치지 못했다는 것이다.

서울회생법원은 특별법원이지 상급법원이 아니다. 서울회생법원이 마련한 기준을 다른 법원이 반드시 따라야 할 의무가 없었다. 그러다 보니 같은 사건이라도 어느 법원에 접수됐느냐에 따라 결과가 달라졌다. 채무자가 사는 지역에 따라 받을 수 있는 보호의 수준이 달라진다는 것은 납득하기 어려운 일이었다.

실무에서도 비판의 목소리가 점점 커졌다. 나도 대한변협 도산변호사회나 도산법연구회 등 활동을 통해 기회가 있을 때마다 이 문제를 언급했다. 운영하는 유튜브 채널에서 법원별 실무 경향 차이를 콘텐츠로 만들기도 했다. 의뢰인에게 도움이 되자는 뜻도 있었지만, 솔직히 이 불합리함을 공개적으로 꼬집고 싶은 마음이었다.

주변에서는 계란으로 바위치기라고 했다. 법원의 눈치를 봐야 하는 변호사가 법원의 미움을 사서 어떡하려고 그러느냐는 이야기도 들었다. 도산변호사회 활동으로 모 지방을 방문했을 때는 법원 쪽 인사로부터 공개적으로 면박을 당하기도 했다.

그런데 놀라운 일이 생겼다. 바위가 움직인 것이다. 2023년, 수원회생법원과 부산회생법원이 문을 열었다. 수원회생법원은 큰 틀에서 서울회생법원의 실무준칙을 따랐다. 부산회생법원은 서울 실무준칙과 거의 동일한 내용으로 준칙을 마련했다. 생계비 산정 기준, 배우자 명의 재산반영 기준, 주식·가상화폐 투자 손실금 반영 기준, 특별면책까지 담았다.

기존에 울산·창원 지역에서 가장 힘들었던 점은 금지명령을 받기 어렵다는 점이었다. 부산회생법원이 생기고 중복 관할이 허용되면서, 울산·경남 지역 채무자도 부산에 신청할 수 있게 됐다. 이것이 얼마나 큰 변화인지는 이 제도를 이용해 본 분들은 안다. 그리고 올해, 대구·광주·대전에도 회생법원이 문을 연다.

사람들은 불합리를 말했다. 사법부는 그 말을 들었고, 입법부는 움직였다. 계란으로 바위를 쳤더니, 바위에 금이 갔다. 사람들이 불합리를 마냥 감수하지 않은 것은 아마도 이 제도를 사랑하는 마음이 더 컸기 때문일 것이다.

나는 "회생제도는 발전하고 있습니다. 좋은 쪽으로."라는 말을 자주 한다. 이 말은 사실이자 희망이다. 듣는 사람에 대한 위로이면서 스스로에 대한 믿음이다.

말이 제주도에만 살지 않는 것처럼 채무자가 꼭 서울로 가지 않아도 되는 세상이 오고 있다.

받아들인다는 것에 대하여

드라마 〈서울 자가에 대기업 다니는 김부장 이야기〉 보셨나요? 누군가에게는 가볍게 지나칠 수 있는 이야기일지 모르지만, 그 안에는 우리가 외면하고 싶어 하는 현실이 고스란히 담겨 있습니다.

김부장은 대기업에 다니며 안정된 삶을 살아가던 평범한 직장인입니다. 서울에 자가를 마련했고, 남들이 보기에는 부족할 것 없는 삶을 살아왔습니다. 그러나 퇴직 이후, 그는 새로운 기회를 찾기 위해 상가 분양에 투자하게 됩니다. 그 선택은 결국 사기로 이어졌고, 그가 오랜 시간 쌓아온 자산과 기반은 한순간에 무너져 내립니다.

문제는 돈에서 끝나지 않습니다. 삶의 균형이 무너지자 마음도 함께 무너집니다. 불안은 점점 커지고, 결국 그는 공황장애를 겪게 됩니다. 이유 없이 가슴이 조여 오고, 숨이 막히며, 일상적인 생활조차 유지하기 어려운 상태가 반복됩니다. 그는 스스로를 다잡아 보려 애썼지만 상황은 쉽게 나아지지 않습니다.

그러던 어느 날, 그는 같은 건물에 있는 정신과 의사를 찾아가게 됩니다. 상담을 통해 자신의 상태를 설명하고 조언을 듣지만, 정작 중요한 순간에 그는 그 말을 받아들이지 못합니다. 의사의 말을 있는 그대로 받아들이기 보다 자신의 방식대로 해석하고, 때로는 왜곡해서 받아들입니다. 아직은 괜찮다고, 조금만 더 버티면 된다고, 상황이 곧 나아질 것이라고 스스로를 설득합니다. 그때 의사는 현실을 받아들이라고 조용히 말합니다. 받아들이 는 것이야말로 문제를 해결하는 태도의 첫걸음이라고 말입니다.

이 장면은 드라마 속 이야기이지만 현실과 크게 다르지 않습니다. 저 역시 일을 하면서 비슷한 상황에 놓인 분들을 수없이 만나게 됩니다. 각자의 사 정은 다르지만 공통점은 분명합니다. 이미 상황이 한계에 이르렀음에도 불구하고 그 사실을 인정하지 못한 채 시간을 보내고 있다는 점입니다.

많은 분들은 문제 앞에서 두 가지 선택 사이를 오갑니다. 인정할 것인지, 아니면 조금 더 버텨 볼 것인지입니다. 그리고 대부분은 후자를 선택하는 데, 이 이유는 인정하는 순간 모든 것이 끝나 버릴 것 같기 때문입니다. 말 하는 순간 무너질 것 같고, 받아들이는 순간 되돌릴 수 없을 것 같다는 두 려움이 앞섭니다.

그러나 실제로는 정반대입니다. 문제를 부정하는 동안에는 아무것도 달라 지지 않습니다. 현실을 받아들이는 순간부터 비로소 변화가 시작됩니다.

회생과 파산의 절차도 마찬가지입니다. 빚을 인정하는 순간 선택지가 생기고, 상황을 직시하는 순간 길이 보이기 시작합니다. 그 다음에는 할 수 있는 방법을 찾고, 순서에 따라 한 걸음씩 나아가면 됩니다.

많은 분들이 위로를 먼저 원합니다. 누군가는 해결책을 급하게 찾으려 합니다. 그러나 그보다 앞서야 하는 것은 단 하나입니다. 지금의 현실을 있는 그대로 바라보는 일입니다. 이 과정이 없다면 어떤 방법도 제대로 작동하기 어렵습니다.

이것은 비단 빚의 문제에만 해당하는 이야기가 아닙니다. 삶의 어느 영역에서도 동일하게 적용되는 원리입니다. 외면하고 있는 문제는 사라지지 않고, 오히려 더 깊어질 뿐입니다.

그래서 저는 오늘도 같은 말씀을 드립니다. 조금 늦어도 괜찮습니다. 하지만 더 늦추지는 않았으면 좋겠습니다. 지금 이 순간에도 각자의 자리에서 버티고 계신 분들이 있을 것입니다. 말하지 못하고, 인정하지 못하고, 혼자서 감당하고 있는 시간 속에 있는 분들입니다.

그분들께 조심스럽게 말씀드립니다. 현실을 외면하지 말고 있는 그대로 바라보시기 바랍니다. 그것이 무너짐이 아니라 다시 일어나기 위한 첫 번째 움직임이기 때문입니다. 받아들이는 순간, 이미 회복은 시작된 것입니다.

우리 다시는
만나지 말아요

도산 일을 하다 보면 종종 의사가 된 느낌이 든다. 경제적으로 위독한 사람들을 만나 진단하고, 치료를 돕고, 회복을 기원하는 일. 의사가 수술 전 최악의 상황을 고지하듯이 아주 작은 리스크도 발견하여 미리 짚어 두어야 한다. 아무리 좋은 말만 전하고 싶더라도, 그것이 진짜 조력은 아닐 것이기 때문이다.

그리고 사건이 마무리될 때마다 속으로 되뇐다. 부디 다시는 이 길로 오지 마시고, 회생도 파산도 필요 없는 삶을 사시기를……

"우리 다시는 이런 일로 만나지 말아요. 행복하세요."

이 말이 단순한 인사치레처럼 들릴 수도 있겠지만, 가장 진심에 가까운 말이다.

의뢰인에게 가장 좋은 작별은 변호사가 더 이상 필요하지 않은 순간이기 때문이다.

의뢰인이 되어 보니 비로소 알게 되었다

얼마 전, 난관에 봉착하였다. 혼자 해결해 보려 발버둥을 쳤지만 역부족이었다. 막상 내가 사건의 당사자가 되고 보니 객관적이기도 어려웠다. 중이 제 머리 못 깎는다는 말이 그제야 실감이 났다. 그 길로 평소 존경하던 선배를 찾아갔다. 바쁘신 와중에도 한참 이야기를 들어주시던 선배는 내 손을 꼭 잡으며 말씀하셨다.

"많이 힘들었겠다. 쉽지 않겠지만 같이 해결해 보자."

그 순간 아랫배에서부터 감정이 밀려 올라오기 시작했다. 내 처지를 이해해 주는 사람에게서 받은 위로와 내 편이 생겼다는 든든함. 그동안 답답했던 마음이 확 풀리고 비로소 편안해졌다. 그제야 의뢰인들이 왜 내 손을 쉽게 놓지 못했는지를 알았다. 그들이 붙잡고 있던 것은 해결책이 아니라 자신을 이해해 주는 사람의 온기였다는 것을 말이다.

그날에 날 위로해 준 것은 한 사람만이 아니었다. 여러 분들이

기꺼이 내게 손을 내밀어 주셨다. 혼자가 아니라는 사실, 누군가가 내 말을 끝까지 들어주고 내 처지에 공감해 주며 내 편이 되어 준다는 느낌은 너무도 큰 감동이었고 든든한 버팀목이 되었다. 바로 그날이, 15년 차 변호사가 의뢰인의 마음을 가장 깊이 이해한 날이었다.

'다 사람이 하는 일이다.'

도산 일을 하면 할수록 여러 번 되뇌는 말이다.

제도적인 측면에서는 도산법이 다분히 정책적인 제도라서 그만큼 해석과 적용의 여지가 넓다는 의미이고, 채무자 입장에서는 의지를 가지고 행하면 위기를 극복할 수 있다는 메시지가 된다. 최근 들어 절실하게 느끼는 점은, 이 일은 혼자서는 할 수 없다는 것이다.

어려웠던 시절부터 곁을 지켜 준 사람이 있었기 때문에 나는 무너지지 않고 여기까지 올 수 있었다. 삶이 버거운 순간마다 사람은 결국 사람으로 버틴다는 사실을 가장 가까운 곳에서 배웠다. 누군가에게는 가족일 수도 있고, 오랜 친구일 수도 있고, 또는 아직 만나지 못한 사람일 수도 있다. 하지만 분명한 것은 우리는 혼자서 무너질 수는 있어도, 다시 일어설 때는 반드시 누군가와 함께라는 사실이다.

나의 손과 발이 되어 주고, 때로는 머리도 되어 주는 스태프들과 어깨동무를 하고 같이 걸어가는 동료 변호사들, 부족한 나를 일깨워주시고 이끌어 주시는 업계 선후배들, 우리 사무실을 믿어 주고 응원해 주시는 의뢰인분들과 카페 회원분들이 없었다면 나는 이미 무너지고 동력을 잃었을 것이다. 진심으로 감사드린다.

그리고 가장 소중한 사람에게.

아무것도 없던 고시생 때부터 내 곁을 지켜 준 아내. 당신이 있어 제가 온전히 일에 몰입할 수 있었고, 버틸 수 있었습니다. 예쁜 아이들을 선사해주고, 착하고 바르게 키워 줘서 더 고맙습니다. 그리고 존재 자체로 힘이 되는 아들, 존재 자체로 사랑인 딸아 너희는 아빠 삶의 기둥이란다. 바쁘다는 핑계로 많은 시간을 함께하지 못했는데 어느새 훌쩍 커 버려 아쉽고 미안합니다.

사랑합니다.

파산수업

당신의 빚이 사라진다면

ⓒ 박시형, 2026

지 은 이 박시형
발 행 인 조찬우
펴 낸 곳 차선책

책임편집 박태연
편　　집 최지희
교정교열 박영지
디 자 인 공중정원
마 케 팅 Studiossam·OYD·투아워스·채성모
인　　쇄 북토리

출간등록 제2022-00056호
주　　소 서울시 송파구 풍성로 14길 31
이 메 일 thenextplanb@gmail.com
홈페이지 thenextplanb.co.kr

ISBN 979-11-993809-5-0 (03000)

"당신의 글이 우리의 다음 '차선책'이 됩니다."
차선책 출간기획팀 thenextplanb@gmail.com 메일로 소중한 원고를 보내주세요.